BESTSELLER

Marcos Vázquez es el autor del popular blog Fitness Revolucionario, galardonado con múltiples premios por su labor divulgadora en materia de salud. Es también creador de Radio Fitness Revolucionario, uno de los *podcasts* de salud y *fitness* de habla hispana más escuchados y donde entrevista a grandes expertos en salud, neurociencia, entrenamiento, nutrición, biología o genética, entre otros muchos temas. Es docente en diferentes instituciones de formación en salud y participa como ponente en múltiples congresos y eventos. Ha publicado varios libros entre los que destacan *Fitness revolucionario* (2018), *Invicto* (2020) y *Saludable Mente* (Grijalbo, 2021).

MARCOS VÁZQUEZ

INVICTO

LOGRA MÁS. SUFRE MENOS

DEBOLS!LLO

El papel utilizado para la impresión de este libro ha sido fabricado a partir de madera
procedente de bosques y plantaciones gestionadas con los más altos estándares ambientales,
garantizando una explotación de los recursos sostenible con el medio ambiente y beneficiosa para las personas.

Invicto
Logra más. Sufre menos

Primera edición: diciembre, 2021

D. R. © 2021, Marcos Vázquez

D. R. © 2021, derechos de edición mundiales en lengua castellana:
Penguin Random House Grupo Editorial, S. A. de C. V.
Blvd. Miguel de Cervantes Saavedra núm. 301, 1er piso,
colonia Granada, alcaldía Miguel Hidalgo, C. P. 11520,
Ciudad de México

penguinlibros.com

ISBN: 978-607-380-889-7

Impreso en México – *Printed in Mexico*

ÍNDICE

SOBRE INVICTO

La calidad de tu vida depende en gran medida de la calidad de tu mente. Por desgracia, dedicamos poco tiempo a mejorar la calidad de nuestros pensamientos, y no es algo que se enseñe en el colegio. En consecuencia, pasamos la vida sin entender realmente cómo usar nuestra mente. Tenemos en nuestra cabeza el órgano más sofisticado del universo, pero desconocemos su funcionamiento. La mayoría de las personas son incapaces de dirigir su poder mental hacia los objetivos que ansían de verdad. Se distraen y se frustran. Son incapaces de vencer la tentación y de perseverar ante la adversidad. Finalmente abandonan.

Por suerte, la mentalidad se puede entrenar, y es precisamente lo que este libro te enseñará. Aprenderás a pensar con claridad, a actuar con determinación y a resistir con disciplina.

Cualquier cambio externo requiere primero un cambio interno. Si quieres transformar tu cuerpo, debes empezar por dentro. Una mente débil nunca creará un cuerpo fuerte.

Este libro te ayudará a usar tu mente para mejorar tu cuerpo, pero va en realidad mucho más lejos. No es una simple guía para optimizar los hábitos de cada día, sino que pretende orientar tu propia filosofía de vida. Las herramientas que desarrollarás te ayudarán con cualquier cosa que quieras lograr. La vida siempre es más sencilla con claridad, determinación y disciplina.

Para adoptar una perspectiva más productiva sobre la vida nos subiremos a los hombros de gigantes que han venido antes, especialmente los filósofos estoicos. Viajaremos a la cuna de la filosofía y nos rodearemos de los mejores pensadores de enton- ces. Aprenderás directamente de Séneca, Epicteto o Marco Aurelio. Absorberás sus estrategias para combatir el caos y crear orden mental.

Nuestro mundo es muy distinto al suyo, pero la naturaleza humana permanece intacta. Seguimos luchando contra los mismos desafíos que hace siglos: miedo, deseo, ira, incerti- dumbre, distracción, ansiedad, falta de voluntad... La filosofía estoica ha enseñado a millones de personas a lidiar de manera exitosa con todos estos aspectos. Ha influenciado a grandes figuras históricas y corrientes religiosas. En las últimas déca- das el estoicismo ha experimentado una nueva era dorada, expandiéndose como la pólvora entre atletas de élite, militares, presidentes y emprendedores.

Por otro lado, la ciencia ha dado grandes pasos en los últimos años. Multitud de estudios revelan pistas sobre nuevas estrate- gias para facilitar el cambio y mejorar nuestro control mental. Este libro toma muchas de las herramientas contrastadas en distintos tipos de terapias, y las aplica de manera práctica.

Esta combinación de filosofía clásica y psicología moderna te armará con un poderoso arsenal mental para mejorar tu realidad.

¿Qué implica entonces ser Invicto? Más claridad y menos miedo. Más propósito y menos inercia. Más foco y menos distracción. Más control mental y menos reacción emocional. Más gratitud y menos resentimiento. Más poder sobre lo que puedes cambiar y menos ansiedad por lo que no puedes controlar. Más protagonismo y menos victimismo. Más resolución y menos lamentación. Más aceptación y menos preocupación.

En resumen, Invicto te ayudará a lograr más y sufrir menos. Si estás listo, empecemos.

TU FILOSOFÍA DE VIDA

La calidad de tu vida depende
de la calidad de tus pensamientos.

MARCO AURELIO

La mayoría carece de una filosofía de vida coherente. Pasan sus días persiguiendo placeres temporales y evitando las incomodidades. Son esclavos de lo inmediato, atraídos por cualquier distracción para no enfrentar su situación. Cualquier excusa para evitar la gran pregunta: ¿es así como quiero vivir?

Vivir sin filosofía es vivir sin dirección. Sin una brújula interna que guíe nuestra vida seguiremos el camino marcado por la masa sumisa. Absorberemos sin cuestionar los valores y las aspiraciones de la sociedad, y moriremos sin haber vivido en realidad.

No deberíamos tener miedo a la muerte,
sino a nunca vivir.

MARCO AURELIO

Desarrollar una filosofía personal te permitirá reflexionar sobre lo que te importa de verdad. Te ayudará a tolerar la incomodidad en el presente para lograr objetivos de valor en el futuro. Te guiará en los momentos de incertidumbre y te ayudará a superar la adversidad.

La mayoría entiende intuitivamente la importancia de contar con esta filosofía personal, pero no sabe por dónde empezar. En vez de partir de cero, recomiendo usar como base una filosofía que haya superado con éxito el paso del tiempo. Y como expliqué previamente, el estoicismo es un excelente punto de partida.

Existen desde luego otras opciones, y algunos se inclinan más hacia filosofías orientales como el budismo. Aunque comparten ciertos elementos, como explicaremos, la gran diferencia es el enfoque más práctico de los estoicos.

Los estoicos no proponían pasar horas cada día meditando en un monasterio. Eran personas de acción. Eran negociantes y senadores, atletas y emperadores. Perfeccionaron su filosofía para convertirla en un sistema operativo mental, una guía para prosperar en el mundo real. Para actuar, más que para contemplar. Fue aplicada con éxito por emperadores como Marco Aurelio y por esclavos como Epicteto. Sus principios fueron probados en prisiones y en palacios.

Dicho esto, recuerda que estás construyendo tu filosofía. Usa este libro como inspiración, pero realiza tu propia reflexión. Toma lo que resuene contigo y descarta lo que no.

ESTRUCTURA Y CONTENIDO DE INVICTO

Invicto tiene cinco grandes secciones. Empezaremos revisando los principios estoicos básicos. Tras esta visión global, continuaremos con los tres pasos básicos en cualquier proceso de cambio: visualizar con claridad, actuar con determinación y resistir con disciplina. Por último, veremos algunas de las técnicas que los estoicos recomendaban practicar con frecuencia, una especie de armamento mental que podrás desplegar cuando la situación lo requiera.

PRINCIPIOS ESTOICOS
1

VISUALIZA CON CLARIDAD
2

ACTÚA CON DETERMINACIÓN
3

RESISTE CON DISCIPLINA
4

ARMAMENTO ESTOICO
5

PRINCIPIOS ESTOICOS

*Tú tienes el poder sobre tu mente,
no los eventos externos. Entiende esto,
y encontrarás tu fuerza.*

MARCO AURELIO

El estoicismo es una filosofía eminentemente práctica, pero para aplicarla debes entender sus ideas básicas. En esta primera sección presento los principios estoicos más relevantes, los cuales mencionaré en las siguientes partes. Aunque este libro está orientado a mejorar tu salud y tu cuerpo, verás que los principios son genéricos. Las leyes del cambio son universales, y las puedes aplicar para mejorar cualquier ámbito de tu vida.

LA BUENA VIDA

La filosofía es el amor de la sabiduría,
es el arte de vivir una buena vida.

EPICTETO

El estoicismo pretende responder la pregunta central de la humanidad: ¿cómo vivir una buena vida?

Los estoicos veían la filosofía como una guía para la vida, cuyo propósito final era alcanzar la llamada **eudaimonia**, traducida generalmente como felicidad. Por simplicidad mantendremos esta traducción, aunque la visión moderna de felicidad no representa fielmente el sentido filosófico que le atribuían los estoicos, y algunos prefieren darle un significado más ligado a la autorrealización o al florecimiento personal. Con esta perspectiva, la *eudaimonia* consistiría en desarrollar tu potencial, cerrando la brecha entre lo que eres y lo que podrías llegar a ser.

Esta felicidad se basa a su vez en dos aspectos: **la virtud y la tranquilidad**.

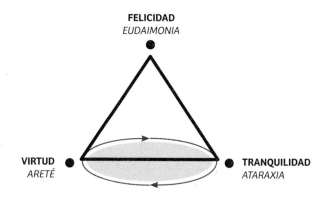

FELICIDAD
EUDAIMONIA

VIRTUD
ARETÉ

TRANQUILIDAD
ATARAXIA

La virtud nos ayuda a determinar cómo actuar, mientras que la tranquilidad es el estado mental que evitará el sufrimiento emocional.

LA VIRTUD

El sabio nunca carecerá de alegría,
pues ella nacerá de sus propias virtudes.

SÉNECA

Sabes por experiencia cuántas vueltas has dado sin
encontrar la buena vida (eudaimonia). No la has
encontrado ni en la lógica ni en la riqueza, ni en la fama
ni en el placer. ¿Cómo se logra entonces? Teniendo
principios que gobiernan tus impulsos y tus acciones.

MARCO AURELIO

La virtud es con diferencia la principal preocupación de los estoicos. Consideraban que actuar con virtud era condición necesaria y suficiente para lograr la ansiada *eudaimonia* o felicidad.

Para referirse a la virtud usaban en realidad el término **areté**, traducible también como excelencia, o como conjunto de acciones que te permitirán alcanzar tu potencial.

TU YO ACTUAL   **TU MEJOR VERSIÓN**

La persecución del *areté* no es una propuesta original de los estoicos. Representa de hecho la pieza central de las primeras escuelas filosóficas de Sócrates o Platón, pero el estoicismo le atribuye unas características específicas que lo integran con el resto de esta filosofía.

Al hablar sobre cómo actuar, los estoicos repetían la necesidad de **vivir de acuerdo a nuestra naturaleza**. Nos decían que la naturaleza humana se diferenciaba en dos grandes aspectos de la del resto del mundo animal: tenemos **capacidad de razonar y una profunda conexión social**.

Por estos motivos, vivir de acuerdo a nuestra naturaleza, o con virtud, implicaría actuar guiados siempre por la razón y por la moral, entendiendo que tenemos una responsabilidad social de ayudar a los demás.

Profundizando más, los estoicos destacaban cuatro grandes virtudes: **sabiduría, coraje, justicia y disciplina**. En breve exploraremos cada una en más detalle.

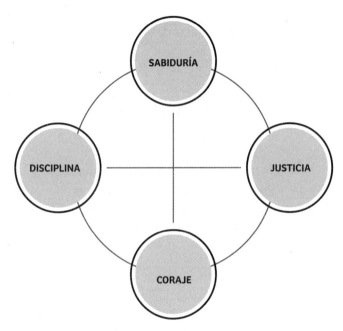

Hablar de virtud en el siglo XXI puede parecer arcaico. Hoy vemos la moral como algo subjetivo y flexible, y de hecho, comportamientos socialmente aceptados hace escasos años son hoy castigados. Pero al profundizar más, vemos que todas las sociedades han valorado características morales similares. No conocemos culturas donde los padres quieran que sus hijos actúen de manera irracional, cobarde, cruel o impulsiva.

Sin duda la manifestación de cada virtud varía según la época y la sociedad, y cosas que se consideraban justas en los tiempos de Séneca nos parecerían hoy deplorables, pero **el concepto de justicia permanece**, está integrado en nuestros genes.

Los estoicos reconocían que obrar con virtud no es fácil, y comparaban su desarrollo con el entrenamiento deportivo o militar, convirtiéndose en una práctica diaria que debemos perfeccionar.

Exploremos un poco más cada una de estas cuatro virtudes básicas.

SABIDURÍA

Todo lo que escuchamos es una opinión,
no un hecho. Todo lo que vemos es
una perspectiva, no la verdad.
Marco Aurelio

Podríamos resumir la virtud de la sabiduría como la capacidad de observar la realidad de manera objetiva y racional. En un mundo complejo y confuso, la claridad nos da poder.

Los estoicos advertían de que las cosas no suelen ser lo que parecen a primera vista, y nos animaban a estudiarlas con profundidad. No se referían únicamente a lo externo, sino también a nuestro propio mundo interno. La inscripción del templo de Delfos era concisa pero contundente: "Conócete a ti mismo".

Como nos recordaba Séneca: "Es mucho más importante que te conozcas a ti mismo que darte a conocer a los demás". En la sección posterior de **Visualiza con claridad** profundizaremos en cómo llevar esta sabiduría a la práctica.

Una vez que logramos una visión clara de la realidad, la virtud de la sabiduría nos ayudará a seleccionar la acción más apropiada en cada momento. En el fondo se refiere a tomar decisiones racionales, evitando ser arrastrados por tempestades emocionales, como explicaremos más adelante.

La sabiduría es también crucial para diferenciar el bien del mal, y para distinguir lo que está bajo nuestro control de lo que está fuera de él. Estas son otras dos importantes ideas estoicas que revisaremos en breve.

JUSTICIA

¿He hecho algo en favor de la sociedad?
Si es así, he trabajado en mi provecho.
Marco Aurelio

Es agradable ser importante,
pero más importante es ser agradable.
Séneca

Una de las impresiones equivocadas sobre los estoicos es que eran personas frías y distantes. Nada más lejos de la realidad. Sentían una profunda responsabilidad social, y nos recordaban constantemente la necesidad de ayudar a los demás.

A la hora de decidir cómo actuar, debemos considerar el impacto en la sociedad. Como decía Marco Aurelio: "Lo que no beneficia a la colmena no beneficia a la abeja".

Siguiendo con el ejemplo de Marco Aurelio, él se esforzaba cada día por construir una vida mejor para su pueblo. Mientras emperadores previos habían abusado del poder de su cargo, y degeneraban en tiranos, Marco Aurelio fue siempre consciente de que su poder le confería una gran responsabilidad, e intentó usarlo para ayudar a los demás.

Esto no quiere decir que sintiera agrado por todo el mundo. En sus *Meditaciones* hace alusiones a todos los necios y arrogantes con los que debía tratar a diario, pero no dejaba que estas emociones le hicieran tomar malas decisiones. Tampoco se dejaba influenciar por los demás ni mendigaba su aprobación. Ayudar era una obligación moral, no un medio para un fin. No se desviaría de la virtud para ganar el aprecio de su pueblo.

Por último, los estoicos aclaraban que actuar con justicia no implica buscar venganza. De hecho, Marco Aurelio nos recuerda que la mejor venganza es no actuar como quien nos ataca.

CORAJE

No desarrollas valentía cuando todo va bien,
sino cuando sobrevives momentos difíciles
y desafías la adversidad.
Epicteto

Admira a quien lo intenta,
aunque fracase.
Séneca

Para los estoicos, el coraje era la capacidad de actuar con virtud, independientemente de las consecuencias. Coraje no es la ausencia de miedo, sino hacer lo correcto a pesar del miedo.

El coraje nos permite además tolerar el dolor y la adversidad, tanto a nivel físico como mental. Muchos prefieren no intentar cambiar por miedo al fracaso. Y cada vez que no lo intentan, el miedo aumenta.

Tampoco se trata de asumir riesgos innecesarios, y como decía Séneca: "El coraje sin sabiduría es un tipo más de cobardía".

Sin embargo, los miedos que nos alejan de nuestros sueños son muchas veces imaginarios o exagerados, y solo progresaremos si aprendemos a controlarlos. Profundizaremos por tanto en distintas estrategias para vencer el miedo a actuar.

DISCIPLINA

Ninguna propensión humana
es tan poderosa que no pueda ser vencida
por la disciplina.
SÉNECA

Comúnmente se denomina a esta cuarta virtud templanza o moderación, dentro de la que estaría el autocontrol y la fuerza de voluntad. Pero por simplicidad aunaré estos conceptos bajo el término de disciplina.

Los estoicos se caracterizaban por su gran disciplina a la hora de llevar a cabo aquello que se proponían, evitando caer en la tentación o el desánimo.

Aunque el estoicismo como filosofía otorga un valor superior a la sabiduría, reconocen también que el conocimiento sin acción no sirve de nada, y como el propio Séneca afirmaba: "La disciplina es una gran ayuda para el que posee un mediocre ingenio".

La disciplina es además condición necesaria para la libertad. El que no se domina a sí mismo deberá doblegarse a la autoridad de los demás.

La disciplina nos permite superar los problemas que sin duda llegarán. El camino hacia una mejor versión de tu cuerpo y tu vida está lleno de obstáculos. Habrá momentos donde estarás tentado de abandonar, y es entonces cuando la disciplina te puede ayudar.

Los estoicos enfatizaban la importancia de convertir los obstáculos en oportunidades. Veían cada piedra en el camino como una nueva posibilidad de practicar su filosofía. Con frecuencia, enfrentar desafíos que tememos es la única forma de desarrollar cualidades que queremos: autoconocimiento, resiliencia, tolerancia a la frustración, capacidad de resolver problemas...

La disciplina para hacer lo correcto y sobreponerse a los obstáculos es crucial para lograr tus objetivos, y será uno de los aspectos clave del libro.

BENEFICIOS DE DESARROLLAR LAS VIRTUDES ESTOICAS

La recompensa de una buena acción
es haberla hecho.
SÉNECA

Para los estoicos, actuar con virtud es su propia recompensa, pero sé que esto no será suficiente para la mayoría. No queremos simplemente hacer lo correcto, sino obtener también los resultados concretos que deseamos.

Por suerte, ambos objetivos no están reñidos. Desde una perspectiva práctica y mundana, desarrollar estas virtudes es también la mejor manera de alcanzar muchos de los objetivos que tradicionalmente perseguimos, desde un cuerpo atlético a éxito financiero.

Si te esfuerzas por adquirir conocimiento (sabiduría), tratas bien a los demás (con justicia), actúas a pesar del miedo (coraje) y superas los obstáculos y tentaciones (disciplina), seguramente te irá bien en la vida.

Los estoicos eran conscientes de que al entrenar su mente para guiarse por estos principios alcanzarían con más facilidad cosas valoradas por la sociedad, como fama y riqueza. Como veremos, no rechazaban estos efectos secundarios, pero alertaban de que no debían ser la motivación principal.

> *No cultives la virtud porque esperas beneficios de ella. Aunque actuar con virtud asegure muchos beneficios, no es por ello que debes perseguir la virtud. Estos no son la causa ni la consecuencia de la virtud, sino un producto derivado.*
>
> SÉNECA

Y el mismo concepto aplica a la hora de cambiar nuestras vidas. En vez de obsesionarnos con el resultado debemos poner nuestra atención en los hábitos, pensar menos en el resultado lejano y más en nuestro comportamiento inmediato. Las buenas acciones son su propia recompensa. Al obtener satisfacción por hacer lo correcto, mejorarás tu comportamiento. Y con el tiempo, llegarán los resultados.

LA TRANQUILIDAD

La tranquilidad acompaña la virtud del sabio.
MUSONIO RUFO

Cuanto más cerca esté un hombre de una mente calmada, más cerca estará de su fuerza.
MARCO AURELIO

Aunque los estoicos daban mucha más relevancia a la virtud que a la tranquilidad, ponían mucho énfasis en mantener la serenidad mental, o **ataraxia**, y de hecho veían entre ambos elementos una relación clara.

Por un lado, actuar con virtud nos da serenidad. Como decía Séneca: "No hay tranquilidad sin buena conciencia". De hecho, creían que buscar este estado mental de manera directa podría hacernos caer en el vicio. Se opondrían por ejemplo a lograr esta serenidad a base de tranquilizantes o drogas. Nos recordaban que la buena vida tiene más que ver con acciones que con sensaciones.

Muchos asumen que alcanzarán este estado de nirvana psicológico cuando resuelvan todos sus problemas y ligan su paz interna a la ausencia de trabas externas. Es un error. Los problemas son parte de la vida, y cuando resuelvas unos aparecerán otros. El objetivo de la vida no es eliminar todos nuestros problemas, sino actuar correctamente y mantener la paz mental a pesar de su existencia. El estoicismo te ayudará a alcanzar serenidad interna independientemente de lo que pase ahí afuera. Marco Aurelio veía su mente como una ciudadela interna, una fortaleza que permanecía en calma a pesar de las batallas al otro lado de las murallas.

La mente, inalterada por violentas pasiones,
es una ciudadela, y un hombre no tiene fortaleza
más segura en la que refugiarse.
MARCO AURELIO

Por otro lado, una mente ansiosa o agitada tendrá dificultad para actuar de manera razonada, y por tanto la tranquilidad evita que obremos mal. ¿Y cuáles son los enemigos de la tranquilidad? Las pasiones, justamente nuestro siguiente tema a explorar.

LAS PASIONES

No son las cosas que nos pasan las que nos dañan,
sino nuestra opinión sobre ellas.
EPICTETO

Por pasiones, los estoicos se referían a las emociones irracionales o exageradas, que nublan la razón y dificultan la virtud. Es difícil actuar de manera racional si estás poseído por el deseo, el miedo o la ira.

Veían estas emociones desproporcionadas como patológicas, y las consideraban causantes de buena parte del sufrimiento humano. De ahí el énfasis que ponían en controlarlas.

Y digo controlar porque los estoicos no proponían suprimir estas emociones, sino canalizarlas de manera productiva para minimizar su efecto perjudicial. Sabían que estas emociones son muchas veces provocadas por impulsos innatos a los que nuestro cuerpo responde de manera involuntaria.

Como decía Séneca: "No podemos evitar las pasiones, pero sí vencerlas", y usaba varios ejemplos que ilustran esto: si escuchamos un ruido fuerte nos alarmamos, y si cometemos un error en público nos ruborizamos. Citando de nuevo a Séneca: "Ninguna cantidad de sabiduría te permitirá eliminar estas respuestas naturales. Ninguna cosa innata puede ser eliminada, pero sí moderada con la práctica". En otras palabras, la razón no puede prevenir una emoción, pero sí ayudar a regularla y darle una perspectiva más adecuada.

No proponían por tanto dejar de sentir, sino desarrollar herramientas para minimizar el impacto de las emociones negativas y dedicar así más tiempo a perseguir lo que queremos. Conquistamos las pasiones volviéndonos más fuertes que ellas, no evitando que aparezcan. Dicho esto, notarás con la práctica que las emociones negativas que te alejaban con frecuencia de tu camino tienden a atenuarse y a reducir su frecuencia.

Por otra parte, los estoicos entendían el sentido adaptativo de las emociones. No pensaban que el miedo en sí mismo fuera malo, ya que nos protege de situaciones peligrosas. No creían que el deseo por la comida fuera dañino, ya que un bebé sin hambre moriría. Pero advertían que, con frecuencia, las reacciones automáticas a las que nos conducen estas emociones son equivocadas. Si no controlamos el miedo, nos paralizamos y no perseguimos los objetivos adecuados. Si no controlamos el deseo por la comida, perderemos la salud. La propuesta estoica es analizar constantemente la idoneidad de cada emoción y su intensidad, para responder guiados por la razón y no por una reacción.

Denominaban a estas pasiones *pathē*, y al estado mental libre de ellas *apatheia*. Este concepto se tradujo al castellano como apatía, con claras connotaciones negativas. Esto ha contribuido a la mala fama del estoicismo, al asociarse con indiferencia o falta de entusiasmo, pero es justo lo contrario.

Los estoicos siempre fueron personas profundamente involucradas en la sociedad. Su claridad mental y disciplina los convirtió con frecuencia en personas exitosas según las métricas tradicionales, como dinero o fama. Por otro lado, el objetivo del estoicismo, como parte de la ***eudaimonia*** (felicidad), era mantener un estado mental donde predominaran emociones positivas como el afecto hacia los demás y la gratitud por la vida. Marco Aurelio hablaba por ejemplo de estar "libre de pasiones pero lleno de afecto".

En la sección **Visualiza con claridad** haremos un repaso de las principales pasiones o emociones que debemos domar, y aprenderás las recomendaciones estoicas para no dejarte arrastrar.

Los estoicos también recordaban que entre el hecho externo y la emoción interna hay una creencia. Es esta creencia, o nuestra interpretación, lo que le asigna valor: bueno o malo. Cambiando nuestra percepción, cambiaremos nuestra emoción. Es el momento de presentar la dicotomía de control.

LA DICOTOMÍA DE CONTROL

En la vida, nuestro primer trabajo es dividir
y distinguir las cosas en dos categorías:
las circunstancias externas que no puedo controlar,
y las decisiones que tomo con respecto a ellas
y que tengo bajo mi control.

EPICTETO

El hombre sabio se preocupa por la intención
de sus acciones, no por sus resultados.
Nuestra acción inicial está bajo nuestro control,
pero la Fortuna determina su final.

SÉNECA

El manual de Epicteto empieza explicando la llamada dicotomía de control, que distingue entre lo que depende de nosotros y lo que no. Este es un principio básico del estoicismo, de gran relevancia práctica. Hacer depender nuestro bienestar de cosas fuera de nuestro control es una de las principales causas de insatisfacción.

¿Qué nos dice Epicteto que está bajo nuestro control? Solamente nuestras percepciones y nuestras acciones.

¿Qué está por tanto fuera de nuestro control? Todo lo demás. Epicteto menciona explícitamente aspectos como nuestro cuerpo, nuestra propiedad y nuestra reputación. No deberíamos por tanto depender de ninguno de estos elementos para nuestra felicidad.

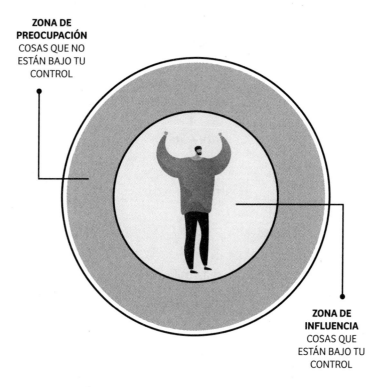

ZONA DE PREOCUPACIÓN
COSAS QUE NO ESTÁN BAJO TU CONTROL

ZONA DE INFLUENCIA
COSAS QUE ESTÁN BAJO TU CONTROL

¿Quiere decir esto que no tenemos control sobre nuestro cuerpo o nuestra salud? Sí y no. Tenemos control sobre ciertos aspectos, y decidimos por ejemplo lo que comemos y cuánto nos movemos, pero nunca estaremos completamente a salvo de posibles enfermedades o accidentes.

Algunos autores modernos proponen de hecho el con- cepto de *tricotomía* de control y distinguen entre lo que está totalmente dentro de nuestro control, parcialmente dentro de nuestro control y totalmente fuera de nuestro control.

Si profundizamos en lo que está parcialmente dentro de nuestro control (como nuestra salud), observamos que se vuelve a abrir en dos, y de nuevo podemos controlar nuestras acciones (o esfuerzo), pero no el resultado.

Una de las lecciones más importantes del estoicismo es enfocar nuestra energía y esfuerzo en aquello que depende de nosotros. Preocuparse por cosas que no están bajo nuestro control solo genera ansiedad y frustración.

Para explicar esta lección, usaremos la analogía del arquero propuesta por Cicerón. Si un arquero quiere alcanzar un objetivo con su flecha, tiene muchos elementos bajo su control. Controla por ejemplo cuántas horas practica su técnica, qué arco utiliza y, llegado el momento, cuánto tensa la cuerda y en qué dirección apunta su flecha. Pero una vez que la flecha deja su arco, no hay nada más que pueda hacer. Que la flecha alcance su objetivo depende ahora del *destino*. Una ráfaga de viento o cualquier movimiento del objetivo alterará el resultado, pero no es algo que deba preocupar al arquero, porque son elementos fuera de su control.

Aplicado por ejemplo al entorno profesional, supone una poderosa herramienta mental, especialmente en ámbitos donde el rechazo y el fracaso se viven a diario. Veamos un par de ejemplos:

- Un deportista que se venga abajo por una derrota no llegará muy lejos. Debe ver el resultado como información, que le ayudará a mejorar y preparar mejor la siguiente competición.
- Un vendedor que se frustre con cada "No" tendrá que buscar otra profesión. Debe por el contrario analizar objetivamente cada interacción, preguntándose qué puede hacer mejor, sin castigarse por el resultado.

Es inevitable sentir cierta decepción al perder un partido o ser rechazado en una venta, pero aplicando la mentalidad estoica el sentimiento negativo durará menos tiempo. Rápidamente nos centraremos en lo que podemos controlar, por ejemplo, en mejorar para la siguiente oportunidad.

En resumen, los estoicos proponen centrar nuestros pensamientos y esfuerzos en lo que podemos controlar, ignorando todo lo demás. De esta manera maximizaremos la probabilidad de alcanzar el resultado deseado, además de evitar un sufrimiento innecesario.

Una vez que conozcamos el resultado final, lo aceptaremos con ecuanimidad y nos enlazaremos con el siguiente concepto estoico: *amor fati*.

AMOR FATI

No esperes que los eventos sucedan como deseas,
sino desea que ocurran como son, y tu vida
transcurrirá sin problemas.
EPICTETO

No está en nuestro poder tener lo que deseamos,
pero sí está en nuestro poder no desear lo que no
tenemos y aprovechar todo lo que nos ha llegado.

Séneca

Aunque el término *amor fati* se acuñó mucho después de los primeros estoicos, refleja perfectamente su enseñanza de no limitarse a aceptar el destino, sino llegar a apreciarlo. No podemos cambiar lo ocurrido, pero podemos cambiar cómo lo percibimos. Podemos pensar por ejemplo que algo bueno saldrá de ello.

El propio Zenón, fundador del estoicismo, es un buen ejemplo. Él era comerciante hasta que su barco, que transportaba un cargamento preciado, sufrió un terrible accidente en uno de sus viajes. Perdió todo lo que tenía y casi su propia vida. Fruto del naufragio llegó a las costas de Grecia y después a Atenas, donde aprendió filosofía y creó su propia escuela. Este hecho fue para él lo más importante que logró en su vida, y hubiera sido imposible sin el naufragio que supuso su ruina.

Tuve un viaje muy próspero
gracias a sufrir un naufragio.

Zenón

Para explicar la relación que recomendaban tener con nuestro destino, los estoicos usaban la analogía de un perro atado a una carreta. La carreta estaba guiada por animales mucho más fuertes que él, por lo que el perro tenía dos únicas opciones:

1) Caminar junto al carro y aprovechar la longitud de su correa para ir explorando todo aquello a su paso.

2) Resistirse al avance del carro, clavando sus patas en el suelo.

En ambos casos el perro llegará al mismo destino, pero la experiencia del viaje será muy distinta. Si elige la primera opción, pasará un tiempo agradable y tranquilo, disfrutando incluso del camino. En el segundo caso sufrirá dolor y frustración. En nuestra mano está la decisión.

> *El destino guía a quien lo acepta,*
> *y arrastra a quien lo rechaza.*
> SÉNECA

A veces se interpreta esta aceptación estoica del destino como resignación pasiva, pero es una visión equivocada. No se trata de resignarse, sino de evitar desperdiciar tiempo y esfuerzo inútilmente. Además, al dar la bienvenida a todo lo que ocurre en nuestra vida evitamos ser poseídos por pasiones como rabia o ira.

Aceptación no implica resignación. Utilizar nuestra capacidad de razonamiento para mitigar un daño emocional no implica que no hagamos todo lo posible por cambiar. Se trata de hacer lo mejor que podamos con lo que tengamos, en vez de lamentarnos por lo que nos ha tocado. Lamentarnos por lo ocurrido no conduce a nada, y con frecuencia nos ciega de lo más importante: actuar racionalmente en el presente.

La recomendación de los estoicos es clara: acepta tu realidad y céntrate en lo que puedes controlar. En vez de intentar cambiar el mundo, debemos poner el foco en cambiarnos a nosotros mismos primero. Y paradójicamente, es la mejor estrategia para crear después un impacto positivo en nuestra vida y en nuestro entorno.

Epicteto nos veía como actores en esta obra que es la vida, y nos recordaba que un buen actor no se lamenta por el papel que le ha tocado, simplemente lo interpreta de la mejor manera.

Cada día tenemos una elección: disfrutar este momento y aprovechar lo bueno, o lamentarnos porque no incluye todo lo que queremos.

La famosa oración de la serenidad recoge bien todo lo anterior: "Señor, concédeme serenidad para aceptar las cosas que no puedo cambiar, coraje para cambiar las que sí puedo, y sabiduría para discernir la diferencia".

LO BUENO, LO MALO Y LO INDIFERENTE

Algunas cosas son buenas, otras malas y otras indiferentes. Lo bueno es la virtud; lo malo, lo que se aleja de la virtud. Lo indiferente son cosas como la riqueza, la salud o la reputación ¿Dónde debes buscar entonces lo bueno y lo malo? En ti, en lo que te pertenece. En lo que no te pertenece no debes usar los términos bueno o malo.

EPICTETO

Todos mis bienes están conmigo: justicia, valor, sabiduría, la disposición a no considerar como un bien nada que se nos pueda arrebatar.

SÉNECA

Para los estoicos, solo las cosas que dependen completamente de nosotros pueden ser buenas o malas, el resto son indiferentes. Siguiendo esta lógica, lo único bueno es actuar con virtud, y lo único malo es lo contrario.

Esto implica que lo bueno siempre está en nuestro poder, ya que independientemente de nuestra situación podremos pensar con sabiduría, actuar con coraje y justicia, y demostrar disciplina. Lo malo, por tanto, también está solo en nuestras manos: actuar de manera irracional o alejados de la virtud.

Es un concepto poderoso, pero difícil de aceptar. Implica que todo eso que valoramos tanto, desde nuestra salud hasta nuestro dinero, pasando por nuestra vida misma, son realmente indiferentes. Si te choca esta afirmación, espera un poco, y entenderás su justificación.

Solo hay un camino a la felicidad: desapégate de las cosas que no dependen de ti.

EPICTETO

En la práctica, este enfoque tiene todo el sentido. Al considerar únicamente bueno o malo aquello que depende de nosotros, podemos dedicar toda nuestra energía y atención a lo que está en nuestro ámbito de control. De esta manera evitaremos desperdiciar tiempo preocupándonos por lo externo.

Siguiendo la analogía anterior del arquero, lo bueno serían aspectos como utilizar su habilidad con sabiduría y entrenar con disciplina. Acertar al final en la diana no depende por completo de él, por tanto es indiferente.

De nuevo podríamos pensar que al considerar indiferentes cosas básicas como la salud, el dinero o la propia vida, los estoicos serían personas sin motivación ni ambición. Y de nuevo estaríamos equivocados. La clave está en la distinción que hacen entre las cosas indiferentes, porque separan las preferidas de las no preferidas.

INDIFERENTE PREFERIDO vs.
INDIFERENTE NO PREFERIDO

Desdeñaré lo que me arroje el destino, pero si pudiera escoger, tomaría lo mejor de él.

SÉNECA

El sabio no se menosprecia aunque sea muy pequeño de talla, pero preferirá ser alto. Soportará la mala salud, aunque deseará la buena.

SÉNECA

Los estoicos recomendaban centrarse en lo que verdaderamente podemos controlar: nuestro comportamiento en el presente y nuestra respuesta a lo que nos sucede. Valoraban los comportamientos por sí mismos, y consideraban el resultado indiferente.

Dicho esto, aceptaban que las cosas externas pueden tener valor por sí mismas, y distinguían entre indiferentes preferidos e indiferentes no preferidos. Reconocían por ejemplo que la vida es preferible a la muerte, la salud a la enfermedad, la riqueza a la pobreza, los amigos a los enemigos y el placer al dolor. Perseguían por tanto lo preferido, pero no ligaban su felicidad a conseguirlo. Cuando no lograban su objetivo no lo percibían como un fracaso, sino como el resultado del destino. Aprendían de ello, pero no se hundían. Simplemente se concentraban en su siguiente respuesta.

No es casualidad que hayan sido en general personas muy involucradas en la vida política y social, alcanzado en muchos casos puestos de responsabilidad gracias a su claridad, integridad, resiliencia y disciplina. Consideraban que vivir con sabiduría implicaba tomar buenas decisiones respecto a nuestra salud y nuestras finanzas, pero nos recordaban que el verdadero sabio florece incluso en la pobreza y la enfermedad. El sabio no necesita nada, pero aprovecha todo. El necio cree que necesita muchas cosas, pero las usa todas mal.

Los estoicos actuaban para lograr mucho, pero estarían satisfechos aunque no lograran nada. No ligaban su valía a sus posesiones o a su fama. Veían el dinero y la fama como indiferentes favorables, mejor tenerlos que no, pero nunca comprometerían sus valores (lo único realmente bueno) para obtener algo indiferente.

Dentro de los indiferentes preferidos destacaban aspectos como la amistad, mientras que advertían sobre los posibles peligros de perseguir riqueza o placer, y a continuación veremos por qué.

Dinero, fama y poder

El sabio no se considera indigno de ningún don
de la suerte: no ama las riquezas, pero las prefiere.
¿Qué duda cabe, además, de que un hombre sabio
tiene mayores ocasiones de desarrollarse en la
riqueza que en la pobreza?

SÉNECA

El dinero dividía a las distintas escuelas griegas de filosofía. Los llamados cínicos hacían por ejemplo votos de pobreza, al interpretar que la riqueza corrompía por naturaleza. Los estoicos, por el contrario, no consideraban al dinero inherentemente malo. Todo dependía de cómo se obtenía y cómo se usaba.

Si como resultado de obrar con rectitud y disciplina acumulabas riqueza, nada debía impedirte disfrutar de ella. Sin embargo, si para ganar dinero actuabas de manera contraria a la virtud, ese dinero dejaría de ser indiferente para convertirse en algo negativo.

O lo mismo si una vez lograda la riqueza nos aferramos a ella. Vivir con miedo de perder lo ganado perturbaría nuestra tranquilidad mental. Y por eso debemos asegurar que la riqueza no se nos suba a la cabeza. Podemos perseguirla, pero sin convertirla en un fin en sí misma, y sin dejar que nos aleje de la virtud ni nos robe nuestra tranquilidad.

Para Epicteto era mejor vivir con poco en una mente calmada que vivir en la abundancia con una mente distorsionada. No es más rico quien más tiene, sino quien menos desea. Valoraban mucho más sus acciones que sus posesiones.

Las cosas materiales son indiferentes,
pero cómo las usas no. Tu uso de ellas
puede ser bueno o malo.
EPICTETO

Séneca nos animaba a disfrutar las cosas buenas que nos llegaban, incluida la riqueza. Él mismo era un buen ejemplo, al convertirse en uno de los hombres más ricos de su tiempo. Pero al igual que disfrutaba lo que tenía, no se lamentaba cuando lo perdía.

El sabio, de su patrimonio ganado por medios
honrados ni presumirá ni se avergonzará.
SÉNECA

Fruto de su riqueza, Séneca debía lidiar con frecuencia con aquellos que lo tachaban de hipócrita, pero su respuesta era clara: "Si mis riquezas desaparecen no se llevarán nada más que a ellas mismas. Tú quedarás aturdido si ellas se alejan de ti. En casa del sabio las riquezas están al servicio, en casa del necio están al mando". De hecho, cuando Séneca fue desterrado nos recordaba que "lo importante no es la cantidad de dinero, sino el estado de nuestra mente".

En resumen, el problema no es el dinero, sino la preocupación desmedida por él, tanto si te falta como si lo tienes. Consideraban esta ansiedad como una enfermedad.

Para la mayoría, la adquisición de riqueza no representa el fin de los problemas, sino un cambio de los mismos. El motivo es que el fallo no está en la riqueza, sino en la mente. Lo que supone una carga en la pobreza lo sigue siendo en la riqueza.
Un enfermo sobre una cama de madera sigue igual de enfermo, aunque lo pongas en una cama de oro. Allá donde lo poses, su enfermedad seguirá con él.
De igual manera, una mente enferma lo seguirá estando en la pobreza o en la riqueza.

SÉNECA

Los estoicos veían de manera similar el poder o la fama. En este caso podemos hablar de Marco Aurelio, el hombre más poderoso (y probablemente más famoso) en aquel momento. Mientras que el poder absoluto había convertido en tiranos a muchos emperadores anteriores, Marco Aurelio reflexionaba constantemente sobre la responsabilidad que sentía de usar su gran poder por el bien de la mayoría, actuando siempre con virtud. No en vano pasó a la historia como uno de los mejores emperadores de Roma.

Y no se queda atrás el caso de Epicteto. En la rígida y estratificada sociedad romana, logró pasar de ser un esclavo más a liderar una escuela exitosa de filosofía. En aquel tiempo esto implicaba un alto nivel de reconocimiento y probablemente una posición económica acomodada.

Placer y deseo

Sigue la vida mejor, no la más agradable,
de modo que el placer no sea el guía,
sino el compañero de la voluntad recta y buena,
pues es la razón quien tiene que guiarnos.

SÉNECA

Tantas cosas por las que te fuerzas
buscando el placer son causa de dolor.

SÉNECA

Al igual que el poder o la riqueza, los estoicos no consideraban la comodidad o el placer malos *per se*, pero advertían de los peligros de convertirlos en un fin en sí mismo.

Entendían la utilidad de los "deseos naturales", como el deseo por la comida, que nos mantiene con vida. Sin embargo, alertaban del peligro de desarrollar un paladar muy sofisticado, ya que con el tiempo dejaríamos de disfrutar los alimentos básicos. Nos recordaban que el mayor placer en la cocina es ser capaces de obtener satisfacción de la comida sencilla.

Y lo mismo pensaban en relación con otros ámbitos externos, desde la ropa a la decoración de la casa. El problema del lujo, afirmaban, es que potencia deseos contrarios a nuestra naturaleza, cada vez más difíciles de satisfacer.

Quien se mantiene dentro de los deseos naturales no notará la pobreza, pero quien sobrepasa los límites naturales será perseguido por la pobreza incluso en la opulencia.

Séneca

Advertían que el placer y el dolor van muchas veces de la mano. De hecho, el dolor de una mala acción puede durar mucho más que el placer inicial que produce. Ponían como ejemplo el exceso de alcohol: "Muchos son engañados por placeres cortos, como la embriaguez, donde por una hora de diversión pagas con muchas de indisposición".

Los estoicos no se oponían a disfrutar todo lo bueno de la vida, pero en su justa medida. Criticaban por ejemplo los opulentos banquetes de la época, donde según Séneca: "Vomitan para comer y comen para vomitar". Nos decían que una vez superada la moderación, el placer era causa de dolor. Nos querían acostumbrar a obtener placer de usar la razón y ejercer la moderación.

La búsqueda constante de placer nunca podrá ser la base de una buena vida. Poco después de satisfacer un placer volverá a aparecer, y en muchos casos más fuerte. Los estoicos se mofaban de aquellos que alardeaban de apreciar solo lo mejor, y en vez de envidia sentían lástima. Al perder la capacidad de disfrutar las cosas sencillas se reducía la posibilidad de llevar una buena vida.

Cuando el placer corrompe la mente y el cuerpo,
nada es ya tolerable. No porque el sufrimiento sea fuerte,
sino porque la persona es débil.

SÉNECA

La comodidad llama a más comodidad y el placer a más placer, una adaptación hedónica constante donde cada vez requerimos más para sentirnos igual. La única forma de llevar una vida realmente satisfactoria es basándola en los dos pilares anteriores: la virtud y la tranquilidad.

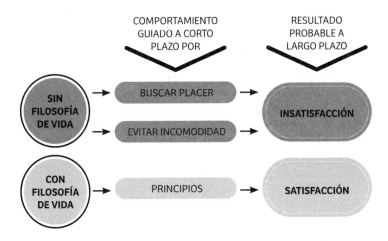

Los placeres nos parecen mejores cuando los
perseguimos que cuando los alcanzamos. Si fueran
realmente buenos, nos traerían satisfacción constante,
pero con frecuencia son como una bebida
que solo da más sed.

SÉNECA

Separaban además entre placeres naturales, que debemos incluir con moderación, y placeres artificiales, con los que debemos ser más cautos. Los naturales vendrían por ejemplo de elementos que la naturaleza ha hecho necesarios, como la comida o el sexo, mientras que los artificiales son creaciones sociales, como el lujo o la fama.

Nos animaban a disfrutar los placeres naturales, pero evitando desearlos en exceso. No se oponían tampoco a disfrutar puntualmente del lujo o cualquier otro placer *artificial*, pero teniendo cuidado de no convertirnos en sus esclavos.

Entendían además que el placer sin moderación degenera en vicio, y hoy sabemos que efectivamente un exceso de placer puede llevar a la adicción. Hay una delgada línea de separación entre el placer y el dolor. Citando de nuevo a Séneca: "Cuantos más placeres te capturen, más dueños debes servir" o "Cuando un hombre se vuelve dependiente del placer, también lo hace del dolor, convirtiéndose en esclavo de estos dos dueños caprichosos y tiranos".

Otro de los problemas que los estoicos atribuían a la persecución del lujo y el exceso es que requieren mucho tiempo y dinero, mientras que las cosas sencillas son pocas y se obtienen sin tanto esfuerzo. Al centrarte en lo esencial liberarás muchos recursos que podrás dedicar a mejorar tu vida de verdad.

Quienes se dejan atrapar por el placer, y no pueden vivir sin él, son los más desdichados, al permitir que algo superfluo se convierta en necesario.
Séneca

Una de las principales causas de sufrimiento es que valoramos más lo que nos falta que lo que tenemos. Por eso los estoicos recomendaban pasar menos tiempo pensando en lo que deseamos, y más aprendiendo a desear lo que ya tenemos. De hecho desarrollaron varias herramientas para lograr precisamente esto, que más adelante detallaremos.

Veremos por tanto a lo largo del libro cómo pensar con más claridad en lo que queremos lograr, aprovechando lo bueno del placer, pero sin aferrarnos a él ni dejándole controlar nuestras vidas.

Dolor y sufrimiento

Vivir siempre en la comodidad
y pasar sin una pena es ignorar
la otra mitad de la naturaleza.
SÉNECA

Como vimos, los estoicos consideraban el dolor y el sufrimiento como indiferentes no preferidos. Deben por tanto evitarse en la medida de lo posible, sin ser tan ingenuos como para pensar que podremos siempre escapar de ellos.

Eran conscientes de que estos eventos externos atentan contra nuestra *ataraxia* o tranquilidad, y proponían distintas herramientas (más adelante profundizaremos en ellas) para minimizar el sufrimiento o la tristeza.

Para empezar, nos hacían entender que el universo distribuye sus cartas por igual, y que no podemos esperar recibir solo eventos de nuestro agrado. Como decía Séneca, esto sería "ignorar la otra mitad de la naturaleza".

Nos recordaban además que gran parte de nuestro sufrimiento es innecesario, al estar causado por hechos imaginarios. Nos adelantamos con frecuencia a los acontecimientos, y al sufrir antes de tiempo terminamos sufriendo el doble. Como veremos en breve, una forma de reducir este tipo de sufrimiento es viviendo más en el presente.

> *Sufrimos más en nuestra imaginación*
> *que en la realidad.*
> Séneca

Y una vez que se produce de verdad un evento que justifica nuestro duelo, los estoicos reconocen en primer lugar que es una sensación normal. Según Séneca: "Hay adversidades que golpean hasta al más sabio: dolor físico, invalidez, la pérdida de un amigo o un hijo, la catástrofe de su país si es destrozado por la guerra. El sabio es sensible a estos eventos, porque no debe ser duro como una roca. No hay virtud en sobreponerse a eso que no sientes".

Es decir, no trataban de reprimir la emoción, pero utilizaban distintas estrategias para poner en perspectiva el sufrimiento, mitigando así su efecto. Afirmaban además que la adversidad es un gran maestro, y representa siempre una oportunidad para poner en práctica nuestra filosofía. De hecho, el sufrimiento es a menudo necesario para el crecimiento. Salir de nuestra zona de confort puede producir dolor, pero en la comodidad no hay transformación. Nos desesperamos por el dolor a corto plazo sin ver que, con el tiempo, el proceso de recuperación puede producir un resultado mejor. Los estoicos no consideraban el placer necesariamente bueno ni el dolor necesariamente malo. Al igual que el placer nos puede debilitar, el dolor nos puede fortalecer.

A veces es necesaria la destrucción para dar espacio a una prosperidad mayor. Muchas cosas han caído para ser reemplazadas por otras mejores. Timágenes, un enemigo de nuestra ciudad, no se alegraba cuando los fuegos arrasaban Roma, porque sabía que mejores edificios reemplazarían los que se habían destruido.

SÉNECA

Y como siempre, los estoicos recordaban que lo único bueno es actuar con virtud, aunque esto nos cause sufrimiento. Vimos que los atributos estoicos les llevaban en muchos casos a acumular influencia y riqueza, pero su sentimiento de justicia les hacía enfrentarse al poder, y algunos de ellos pagaron un alto precio. Séneca pasó muchos años en el exilio y finalmente fue condenado a muerte, pero vivió con la tranquilidad de haber intentado siempre hacer lo correcto. Sabía que nada externo es realmente malo.

Si logras algo bueno con esfuerzo, el esfuerzo pasa rápido, pero lo bueno permanece. Si haces algo malo por placer, el placer pasa rápido, pero lo malo permanece.

MUSONIO RUFO

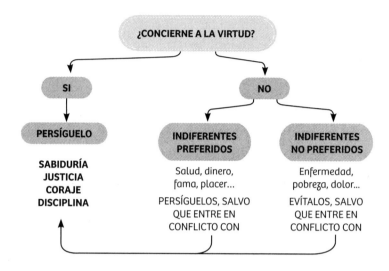

En resumen, el estoicismo nos recuerda que tenemos control total sobre nuestras acciones, y es una potente vacuna contra el victimismo. Si entiendes que nada externo puede realmente dañarte, y que tienes (o puedes desarrollar) las herramientas para superar cualquier adversidad, e incluso salir reforzado de su azote, tu actitud ante la vida cambia. Piensas con más claridad, actúas con más determinación en tu ámbito de control y aceptas con calma aquello que no puedes cambiar.

Moderación y sencillez

La moderación es uno de los fundamentos del estoicismo. Mientras que los ascéticos promulgaban el sacrificio constante y los epicúreos priorizaban el placer, los estoicos consideraban que la mejor opción es la moderación.

La moderación no es solo una virtud en sí misma, sino una técnica útil para disfrutar el placer sin convertirnos en su esclavo.

Cuando un niño mete la mano en una vasija de higos
agarra un puñado, pero ahora no puede sacar la mano y
llora. Si suelta unos pocos higos, podrá
sacar la mano y disfrutarlos.

EPICTETO

Para los estoicos, vivir según la naturaleza se refería principalmente a vivir guiados por la razón, pero también a disfrutar el placer natural. Los placeres naturales vienen de satisfacer necesidades reales, y por suerte, las necesidades de la naturaleza son escasas.

Lo que la naturaleza ha hecho necesario
para el hombre, lo ha hecho fácil de obtener.
Pero si deseamos ropas lujosas bañadas en oro,
no es culpa de la naturaleza, sino nuestra.

SÉNECA

Los estoicos proponen alinear la obtención de placer con aquello que nos sienta bien, de aquello que dicta la naturaleza.

La naturaleza ha unido el placer a lo necesario,
no para quedarnos simplemente con el placer,
sino para que esas cosas que necesitamos
nos resulten atractivas.

SÉNECA

El problema, como ya advertían los estoicos, es que los humanos hemos separado el placer de la necesidad, convirtiendo al placer en un fin en sí mismo. Esto no es siempre malo, pero debemos ejercer la moderación en estos casos, o recibiremos el dolor en caso contrario. Paradójicamente, ejercer autocontrol nos permite extraer a largo plazo más placer de las cosas que su uso excesivo.

No solo eso, el propio hecho de mejorar nuestra mente y nuestro autocontrol serán en sí mismos fuentes de satisfacción. No hay nada peor que sentirnos como marionetas en manos de la comida o la pereza.

Es la mente la que nos hace ricos. Va con nosotros al exilio y a los lugares más inhóspitos. Cuando el cuerpo tiene lo necesario, es la mente la que nos permite disfrutar de sus bondades.

SÉNECA

Es importante aclarar que este autocontrol no implica privación. Debemos ejercer la moderación en todo lo necesario, no en todo lo posible. La virtud de la sabiduría implica saber cuándo ejercer disciplina y cuándo ceder al placer.

Esta moderación está ligada también a otra de sus recomendaciones: la sencillez. Musonio Rufo, el maestro de Epicteto, recomendaba comida sencilla y saludable, fácil de preparar y en la cantidad que nuestro cuerpo requiere. Proponía también entrenar para tolerar la incomodidad, enfrentándonos de vez en cuando al frío y al calor. Séneca describía cómo se bañaba en el Tíber en invierno, y Marco Aurelio cómo elegía una cama dura en sus viajes. Sócrates, para muchos el padre de la filosofía, prefería caminar descalzo.

Marco Aurelio despreciaba especialmente a los sofistas, maestros de la retórica. La oratoria sofista no estaba orientada a reflejar la verdad, sino a alardear. De los sofistas deriva el término "sofisticación", como algo que se aleja de lo sencillo y lo natural. Cuando fue emperador, Marco Aurelio redujo la pompa y la ostentación, un gesto apreciado por su pueblo. Usaba con frecuencia ropa sencilla, evitando la toga imperial, y recibía importantes invitados vestido como cualquier otro ciudadano. Esta moderación era parte de lo que los estoicos consideraban vivir apegado a la naturaleza.

Según Marco Aurelio, la diferencia entre los sofistas y los estoicos es que los primeros hablaban para obtener alabanzas, los segundos para ofrecer enseñanzas. Los primeros intentaban crear una apariencia, los segundos describir la realidad. Los primeros usaban un lenguaje emocional y enrevesado, los segundos un lenguaje objetivo y claro. Y por este motivo podemos leer las notas de Séneca o Marco Aurelio en la actualidad y sentirlas tan vigentes y prácticas como hace dos mil años.

En resumen, la moderación y la sencillez contribuyen a una buena salud y a una buena vida.

LIBERTAD

¿Preguntas qué es libertad? No temer a los hombres ni a los dioses, no desear algo deshonesto ni excesivo y tener el completo dominio de uno mismo.

Séneca

Piensa así. Eres un adulto, no te dejarás esclavizar más, zarandeado como una marioneta por cualquier impulso, te dejarás de quejar por tu situación presente y no temerás el futuro.

MARCO AURELIO

Tendemos a pensar que la libertad viene de hacer lo que nos apetezca en cada momento, pero paradójicamente esta puede ser la peor forma de esclavitud. Cuando subordinamos la razón a nuestras apetencias nos convertimos en esclavos de estas. Y como decía Séneca: "La esclavitud más denigrante es la de ser esclavo de uno mismo".

Para los estoicos, el único esclavo es aquel encadenado por sus pasiones y azotado por sus emociones. Sin control, nuestra mente es la peor prisión. Sin disciplina no hay libertad. Si por ejemplo alguien necesita tabaco o harinas para disfrutar la vida, es en realidad esclavo de esa necesidad. Libertad es por tanto la capacidad de actuar guiados por la razón, de no ser sometidos por los deseos que surjan en cada momento.

Los estoicos consideran además que una persona realmente libre debe ser capaz de mantener una mente serena, sin importar lo que ocurra afuera. Al igual que solo consideran bueno o malo aquello que está bajo nuestro control, ven también la libertad como algo interior, alcanzable sin importar nuestra situación. Epicteto fue inicialmente un esclavo, pero nunca se sintió como tal. Reconocía que otros tenían el control de su cuerpo, pero no podían arrebatarle la libertad de su mente.

Perdemos la libertad cuando damos excesivo valor a cosas fuera de nuestro control. Al domar nuestro estado mental alcanzaremos la libertad y nos libraremos del sufrimiento emocional.

Es mejor pasar hambre sin dejarse abatir
por el miedo o el dolor que vivir en opulencia,
pero lleno de preocupación.
EPICTETO

Los estoicos veían su mente como una especie de fuego, capaz de fundir todo aquello que obstruyera su camino. Cualquier cosa que impidiera su acción se convertiría en su alimento, y nada les alejaría de hacer siempre lo correcto. Los obstáculos no son más que otra oportunidad para ejercer nuestra libertad de responder de manera racional.

Lo que impide la acción anticipa la acción.
Lo que se interpone en el camino,
se convierte en el camino.
MARCO AURELIO

El corolario de esta creencia es que nada externo puede arrebatarnos nuestra libertad, ya que siempre podremos escoger nuestra respuesta ante la adversidad. Por suerte, la esclavitud física ya no está permitida, pero muchos siguen limitados por sus miedos y deseos. Las peores cadenas son las autoimpuestas.

¿Sabes por qué intentar escapar no te ayudará? Porque tu mente irá contigo. Debes liberarte de tu carga mental antes de poder estar a gusto en cualquier lugar.

Séneca

El mundo moderno nos esclaviza con una lista infinita de placeres superficiales y distracciones triviales. La capacidad de renunciar estratégicamente al placer y tolerar cierto grado de incomodidad nos da libertad. Si necesitas menos, eres más libre. Y por lo mismo, el deseo incontrolado es una forma de esclavitud.

ATENCIÓN

Te conviertes en eso a lo que le prestas atención.

Epicteto

*El mayor lastre de la vida
es la espera del mañana
y la pérdida del hoy.*

Séneca

La mayoría pasa buena parte de su vida en piloto automático. No eligen de manera consciente sus pensamientos ni acciones, sino que son guiados simplemente por inercias sociales y reacciones emocionales. Su atención es secuestrada por las falsas emergencias de cada jornada.

El simple hecho de observar nuestros pensamientos y comportamientos nos hará más conscientes de lo que ocurre en nuestra mente. Este es precisamente el propósito de un proceso que los estoicos denominaban *prosoche*, con tres beneficios claros:

1) Tomar el control de nuestra atención nos permite mejorar nuestros pensamientos y acciones, dirigiéndolos hacia nuestros verdaderos objetivos.

2) Centrarse en el presente evita gran parte del sufrimiento emocional causado por recuerdos del pasado o miedos del futuro.

3) Concentrarse en el momento actual ayuda a tolerar la adversidad.

La atención es la lámpara de la mente, y nos permite observar pensamientos de los que antes no éramos conscientes. Al prestar atención notaremos por ejemplo cómo surgen las ganas de comer si se eleva nuestro estrés, y podremos intervenir antes de que el deseo sea incontrolable.

Entender por qué hacemos lo que hacemos es el primer paso para mejorar nuestro comportamiento. Si esta atención está ausente, seremos una marioneta en manos de impulsos inconscientes. Como reconocían los propios estoicos, no es una técnica infalible, pero nos ayudará con frecuencia.

¿Es posible actuar siempre con perfección?
No, pero evitaremos muchos fallos
si mantenemos siempre la atención.
Epicteto

Pasando al segundo punto, el *prosoche* es equiparable a la famosa atención plena del budismo (o *mindfulness*). Como vimos en la dicotomía de control, tanto el pasado como el futuro están fuera de nuestro control, de ahí la importancia de centrarnos en lo que podemos cambiar: lo que está justo delante de nosotros. El presente es la única parcela temporal sobre la que podemos actuar.

Juicio objetivo, ahora, en este momento.
Acción racional, ahora, en este momento.
Aceptación incondicional de todos los eventos
externos, ahora, en este momento.
Esto es todo lo que necesitas.
MARCO AURELIO

Al igual que las cosas que deseamos nos producen al alcanzarlas menos satisfacción de la que pensamos, soñar con el futuro nos hace perder de vista la satisfacción del presente. La anticipación por lo que podría llegar a ser nos impide disfrutar lo que es. Centrarse en el presente es el antídoto contra los arrepentimientos del pasado y la ansiedad del futuro.

Obviamente las acciones del presente se aprovechan de las enseñanzas del pasado y van dirigidas hacia nuestros objetivos del futuro, pero deben estar libres de culpa por los errores del pasado y libres de ansiedad por la incertidumbre del futuro.

*Recuerda que no es el pasado ni el futuro
lo que te abruma, sino el presente, y este presente
será más pequeño si lo circunscribes y lo aíslas.*

MARCO AURELIO

Terminando con el tercer punto, centrarnos en el presente es también una estrategia efectiva para superar la adversidad. Todo es más tolerable si lo vemos como una sucesión de momentos que vienen y van, en vez de interpretar nuestra situación como algo permanente.

*No dejes que tus pensamientos sobre demasiadas
cosas te aplasten. No llenes tu mente con todas las
cosas malas que podrían ocurrir. Permanece centrado
en la situación presente y pregúntate qué es tan difícil
de ella que no puedes superarla.*

MARCO AURELIO

Marco Aurelio es considerado uno de los mejores emperadores de Roma, pero no le tocaron años fáciles. Multitud de plagas diezmaron la población durante su gobierno, mientras ejércitos enemigos hostigaban las fronteras del imperio. Marco Aurelio se vio obligado a pasar largas estancias fuera de casa, liderando multitud de batallas. No llevaba una vida de tranquila reflexión, sino de constante acción. Encontraba en las enseñanzas estoicas muchas estrategias que le ayudaban a lidiar con sus incesantes problemas, y una de ellas era concentrar su pensamiento en la situación presente y en la acción siguiente.

En todo momento mantén la mente centrada en la tarea presente, ignorando el resto de consideraciones. Puedes lograr esto si afrontas cada tarea como si fuera la última, sin distracción, sin subversión emocional de la razón, sin drama, sin vanidad y sin queja por tu situación.

MARCO AURELIO

Es una forma de decir que toleremos la adversidad un momento cada vez, un paso cada vez. Si puedes tolerar el momento presente, podrás tolerar el siguiente.

Como iremos viendo a lo largo del libro, el *prosoche* es una piedra angular del estoicismo, y pondremos mucho énfasis en trabajar este aspecto.

¿CÓMO ES ENTONCES UN ESTOICO?

Si encuentras un hombre que enfrenta los peligros con coraje, que no se ve afectado por sus deseos, feliz en la adversidad, calmado en medio de la tormenta, ¿no es cierto que sentirás veneración por él?

SÉNECA

A partir de todo lo anterior, podríamos decir que un estoico tiene una visión objetiva de sí mismo y del mundo que lo rodea. Piensa con claridad y actúa de manera racional. Sabe qué está bajo su control y qué no, y se centra en lo que puede cambiar.

Siente impulsos al igual que los demás, pero es capaz de domarlos para evitar dejarse arrastrar. Presta atención al detalle, pero no se distrae con cosas insignificantes. Aprende del pasado y considera el efecto de sus acciones en el futuro, pero no se apega a sentimientos negativos producidos por experiencias previas ni siente ansiedad por lo que está por llegar.

Considera indiferentes las cosas externas, pero entiende que algunas son preferidas y se esfuerza por lograrlas. Trabaja duro en persecución de estos objetivos, pero entiende que el resultado no está siempre en sus manos.

No actúa movido por el dinero o la fama, pero su claridad y disciplina elevan la probabilidad de que termine amasando ambas. Si le llegan no las rechaza, pero tampoco se aferra a ellas. Su estado mental permanece igual si el destino le quita lo que un día le dio. Disfruta con moderación los placeres de la vida, pero no se deja esclavizar por ellos.

Se involucra en la vida social, pero mantiene cierta distancia de los acontecimientos sin relevancia. Valora la compañía de los demás, pero es también feliz en la soledad.

No busca la adversidad, pero la enfrenta con tranquilidad. Sabe que la mente, como el cuerpo, necesita desafíos para fortalecerse. Ve cada obstáculo como una oportunidad para aprender y mejorar.

Estoicismo para líderes

A muchos gobernarás
si la razón te gobierna a ti.
SÉNECA

Este libro no profundiza en aspectos de liderazgo, pero es evidente que si desarrollas las cualidades estoicas serás un mejor líder.

¿Cómo sería un líder estoico? Tiene confianza en sí mismo, sin ser arrogante. Demuestra coraje, sin asumir riesgos innecesarios. Intenta ganar, pero sabe perder. Es asertivo, pero no agresivo. Es honesto, pero no ingenuo. Dice lo necesario, sin hablar más de la cuenta. Siente emoción, pero mantiene la calma en cualquier situación. Cultiva relaciones con su equipo, pero no deja que las relaciones personales interfieran con sus decisiones.

No es casualidad que muchos estoicos hayan adquirido puestos de poder, liderando imperios o haciendo crecer sus escuelas filosóficas. Un buen estoico es un buen líder.

Los estoicos no existen

Es necesario tener un ideal que guía nuestros pensamientos y acciones, al igual que los marineros se guían por las constelaciones.
SÉNECA

Si te parece que todo lo anterior suena a ficción, estás en lo cierto. El verdadero estoico no es real, es simplemente un ideal, un estándar contra el que medirse. Los estoicos se referían a este ideal como **sophos** o persona sabia, y los que lo perseguían eran precisamente los llamados filósofos, es decir, los **amantes de la sabiduría**.

En momentos difíciles, los estoicos contemplaban esta imagen idealizada y se preguntaban qué haría una persona sabia.

Nunca llegaremos por tanto a ser verdaderos estoicos, pero al intentarlo nos convertiremos en versiones mejores de nosotros. Además, la imposibilidad de alcanzar este ideal nos ayuda a no autocastigarnos demasiado al fallar. Simplemente debemos reflexionar sobre nuestros errores y definir acciones de mejora. No buscamos perfección, sino progreso.

Por último, y aunque esta filosofía termine ayudándote en tu vida, no te presentes a los demás como un estoico. El estoicismo se lleva por dentro. Como decía Epicteto: "No expliques tu filosofía, vívela".

EL ARMAMENTO ESTOICO

El estoicismo no es una mera filosofía teórica, sino una serie de enseñanzas y herramientas prácticas. Los estoicos usaban con frecuencia analogías del combate y la lucha. Marco Aurelio decía que "el arte de vivir tiene más que ver con el combate que con el baile".

Aunque Marco Aurelio pasó buena parte de su vida liderando guerras contra multitud de enemigos, afirmaba que la batalla más importante era la que libramos constantemente en nuestro interior. Creía que ningún enemigo nos podía hacer tanto daño como nosotros mismos, de ahí la necesidad de dominar nuestro principal activo: la mente.

El manual de Epicteto (*Enquiridion*) podría entenderse como una serie de **armas mentales** para enfrentar situaciones desafiantes, y con frecuencia usaban el nombre *armamentarium*. Las propias cartas de Séneca pueden verse como terapias para distintos traumas o encrucijadas. Nos explican por ejemplo cómo vencer el miedo, aprovechar el tiempo o superar el duelo.

Mi atracción por el estoicismo vino precisamente de los buenos resultados obtenidos al aplicar en mi vida las herramientas prácticas de esta filosofía, tanto de manera preventiva como correctiva. Más adelante descubrí que estas técnicas están hoy validadas por la ciencia, y son la base de las modernas terapias cognitivo-conductuales, probablemente las más efectivas dentro de la psicología.

No es fácil, sin embargo, adquirir estas herramientas leyendo simplemente a los clásicos, ya que están esparcidas sin orden ni conexión en multitud de textos distintos. En este libro he intentado destilar las herramientas más poderosas y explicarlas de manera práctica, con énfasis en el proceso de cambio.

Si solo una de estas técnicas te ayuda en tu vida diaria, te compensará con creces haber leído este libro. Pero si eres como la mayoría, encontrarás valor en muchas de ellas. Al aplicarlas notarás una mejora importante en tu mentalidad y tu comportamiento, y por tanto en tus resultados.

Dicho esto, no esperes cambios profundos por aplicarlas simplemente un par de veces. Al igual que los programas de entrenamiento solo transforman tu cuerpo si eres constante en el tiempo, este armamento mental solo te ayudará de verdad si lo practicas con regularidad. Muchos de tus hábitos mentales y respuestas automáticas se han ido reforzando tras años de repetición, y adoptar respuestas más acertadas requerirá práctica y dedicación.

Como repetía Epicteto, no debemos entender la filosofía como una simple medicina que tomamos al enfermar, sino como una loción que aplicamos a diario. El estoicismo no es algo que se estudia, es algo que se practica cada día.

TERAPIA COGNITIVO-CONDUCTUAL

Los antiguos estoicos eran buenos psicólogos. Aunque desconocían los amasijos bioquímicos del cerebro, dominaban la naturaleza humana. Intuían la relación entre pensamientos, emociones y comportamientos, y desarrollaron técnicas concretas para mejorar cada uno de estos aspectos.

Por desgracia, muchas de sus enseñanzas se perdieron con el tiempo, y la nueva ciencia de la psicología tardó tiempo en recuperarlas. Durante décadas, la psicología fue una ciencia a la deriva, basada en creencias equivocadas y técnicas psicoanalíticas poco efectivas. Algunas ideas de Freud eran válidas, pero la mayoría eran fraudulentas. Hablar durante horas sobre experiencias pasadas no suele solucionar nada.

A partir de los años cincuenta, psicólogos como Aaron Beck y Albert Ellis, desilusionados con la inefectividad de los enfoques clásicos, buscaban un cambio. Querían desarrollar terapias que pudieran realmente aportar mejoras prácticas y medibles, en vez de seguir anclados en dogmas del pasado. Se habían beneficiado de las ideas estoicas, y estaban convencidos de que podrían usarlas para sentar las bases de un nuevo enfoque.

Eran conscientes de que muchos de los problemas de sus pacientes se originaban por pensamientos automáticos negativos, bien sobre sí mismos, sobre el mundo o sobre el futuro. Estos pensamientos distorsionados generaban emociones exageradas y finalmente comportamientos equivocados, con los consiguientes malos resultados. Al enseñar a sus pacientes a identificar estos pensamientos y cuestionar sus reacciones automáticas, sus decisiones mejoraban. Adoptaban además perspectivas más productivas, que impactaban sus vidas de manera positiva.

Nuestros pensamientos, creencias y emociones representan una especie de lente a través de la que vemos el mundo. Cambiando esa lente, cambiamos nuestra visión del mundo. Al contrario de lo que predican algunas corrientes modernas, el objetivo no es ponerse lentes rosadas y pensar que todo va a estar bien. El optimismo ciego es igual de destructivo que el pesimismo irracional. Autoengañarse no suele funcionar. Buscamos una visión clara de la realidad, pero entendiendo que hay perspectivas más productivas que otras.

Si te dañan cosas externas,
no son ellas las que te dañan,
sino tus creencias sobre ellas.
Y está en tu poder
cambiar esas creencias.
Marco Aurelio

La base de las terapias cognitivo-conductuales es la relación cruzada entre pensamientos, emociones y comportamientos. Nuestros pensamientos condicionan nuestras emociones y nuestras acciones. A su vez, las emociones influyen en nuestros pensamientos y nuestro comportamiento. Y por último, nuestras acciones impactan nuestros pensamientos y emociones.

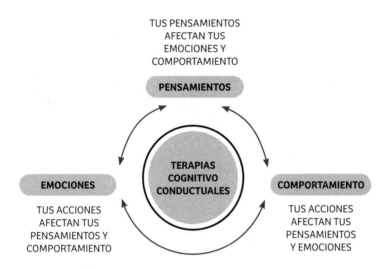

TUS PENSAMIENTOS
AFECTAN TUS
EMOCIONES Y
COMPORTAMIENTO

PENSAMIENTOS

TERAPIAS
COGNITIVO
CONDUCTUALES

EMOCIONES

COMPORTAMIENTO

TUS ACCIONES
AFECTAN TUS
PENSAMIENTOS Y
COMPORTAMIENTO

TUS ACCIONES
AFECTAN TUS
PENSAMIENTOS
Y EMOCIONES

Para empezar, este modelo conceptual permite dividir nuestros problemas en partes más pequeñas, haciéndonos conscientes de cada una de ellas. Además, aporta herramientas para cuestionar nuestras emociones y creencias, lo cual reduce su carga negativa. De esta manera nos ayuda finalmente a reemplazar comportamientos problemáticos por otros más productivos.

Si por ejemplo tienes fobia a algo, tu respuesta automática es evitarlo, pero esta respuesta nunca resolverá tu problema. Debes exponerte de manera gradual a tus miedos. Debes estar dispuesto a sentirte mal a corto plazo para sentirte mucho mejor a largo plazo. Evitar situaciones que te producen miedo simplemente lo potencian.

Si intentas calmar ese miedo con alcohol, ahora tendrás dos problemas: el miedo y la adicción. Las cosas que te hacen sentir bien a corto plazo pueden magnificar tus problemas a largo plazo.

¿Por qué el nombre de cognitivo-conductual? Lo cognitivo se refiere a todo lo que ocurre en tu mente, desde pensamientos a creencias, incluyendo tu capacidad de atención. Y lo conductual tiene que ver con tu comportamiento, tanto con lo que haces como con lo que evitas hacer.

Estas terapias nos enseñan a distanciarnos de nuestros pensamientos, a analizar lo que pasa en nuestra mente como si fuéramos científicos, a cuestionar lo que pensamos y a observar cómo reaccionamos a todo ello.

Importante: si tienes algún trastorno serio, debes ponerte en manos de un psicólogo. Pero en la mayoría de los casos, conocer y aplicar las herramientas incluidas en este manual te ayudarán a entender mejor tu mente, lo que beneficiará tu comportamiento y tus resultados.

EL PROCESO

No hay metodologías concretas para organizar todos los conceptos estoicos y aplicarlos en nuestro proceso de cambio, pero las siguientes secciones del libro se basan en las tres grandes prácticas estoicas propuestas por Epicteto:

1) **La práctica de la percepción:** para mejorar el conocimiento de nuestra mente interior y del mundo exterior.

2) **La práctica de la acción:** para comprender las decisiones y acciones que tomamos, lo que impide además dejarnos vencer por la procrastinación o el miedo.

3) **La práctica del control:** para responder de manera adecuada a la adversidad y a aquello que no podemos cambiar. Nos permite además vencer el deseo y la tentación.

Para hacerlo más comprensible y aplicable, he transformado estas prácticas en tres fases diferenciadas: Visualizar con claridad, Actuar con determinación, Resistir con disciplina. Aunque son secuenciales, representan en realidad un ciclo constante. A medida que actúas vas aprendiendo y ganando más claridad, que aprovecharás para mejorar tus acciones y superar los nuevos obstáculos que se vayan presentando.

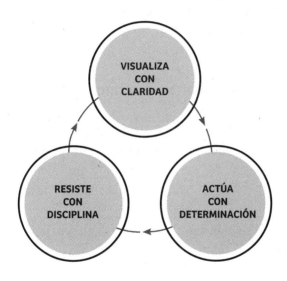

Visualiza con claridad

Nuestra percepción cambia según el ángulo desde el que observamos. Los estoicos nos animaban a ver las cosas desde distintas perspectivas, para lograr así una visión más objetiva.

Esta capacidad de observación era un aspecto fundamental de la sabiduría, considerada generalmente la virtud más importante. De poco sirve el coraje o la disciplina si nuestras acciones no van bien dirigidas.

En esta sección aprenderás a conocerte mejor a ti mismo, pero también al mundo que te rodea. Reflexionarás sobre tus problemas y los objetivos que realmente merecen la pena. Conocerás técnicas para aprender a identificar emociones maladaptativas (como ansiedad o ira) y controlarlas antes de que causen problemas. Solo una mente en paz puede ver la realidad con claridad.

La percepción precede a la acción, y la acción correcta sigue a la percepción correcta.

Actúa con determinación

La visión sin acción es inútil, y una vez que esté clara nuestra dirección, debemos pasar a la acción. Mucha gente fracasa al hacer este cambio, y en consecuencia nunca da el salto del mundo interior de los planes al mundo exterior de las acciones. Pero sin acción, nada cambia.

En esta sección desarrollarás herramientas para vencer los principales enemigos de la acción, como la procrastinación y la falta de tiempo. Darás los pasos necesarios para alcanzar los objetivos definidos.

Resiste con disciplina

Ningún camino que lleve a un buen destino estará exento de obstáculos. Como dirían los estoicos, los obstáculos son parte del camino. En esta sección te dotarás de armamento mental para enfrentar la adversidad, y superar problemas y tentaciones. Aprenderás además a aceptar aquello que no puedes cambiar y a liberar energía mental para lidiar con lo que ver-daderamente depende de ti.

Evidentemente, esto es un ciclo iterativo. A medida que avanzas en tu camino, aprenderás más sobre ti y sobre tus objetivos. Entenderás mejor los obstáculos y tentaciones que te desvían de tu destino. Esta información te dará más claridad y podrás ajustar de nuevo tus acciones para seguir avanzando.

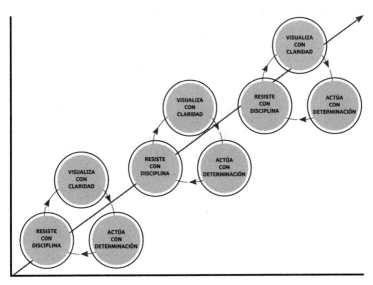

Mejorar no es fácil. Requerirá esfuerzo y atención, pero el resultado puede ser transformador: más autoconocimiento y menos autosabotaje, más paciencia y menos irritación, más propósito y menos tentación, más productividad y menos ansiedad.

ELIGE TU CAMINO

¿Qué hubiera sido de Hércules sin el león, la hidra,
el jabalí y el resto de los peligros? ¿Qué hubiera hecho
en ausencia de esos desafíos? Simplemente se habría
dado la vuelta en la cama para seguir durmiendo.
Y al pasar la vida entre el lujo y la comodidad nunca
se habría convertido en el poderoso Hércules.

EPICTETO

Los estoicos usaban la figura de Hércules como fuente de inspiración y enseñanza. Hacían a sus alumnos reflexionar sobre las personas que querían ser y el destino que buscaban alcanzar. Se cree que el propio Zenón, fundador del estoicismo, decidió estudiar filosofía al leer sobre un momento decisivo en la vida de este personaje mítico.

Cuenta la leyenda que Hércules se encontraba reflexionando sobre su destino en un cruce de caminos, dudando sobre el sendero que debía tomar. En ese momento se le aparecieron dos diosas. Una de ellas, llamada *Kakia*, se abalanzó sobre él. Le prometió un camino fácil, lleno de lujos y placeres. No tendría que enfrentar peligros ni realizar esfuerzos y podría vivir del trabajo ajeno.

Después se le acercó la otra diosa, llamada *Arete*, y le explicó que el camino que ella proponía sería largo y difícil, lleno de peligros y desafíos. "Nada realmente bueno y admirable es ofrecido por los dioses a los humanos sin esfuerzo y dedicación", le dijo. Estos desafíos le permitirían demostrar su coraje y sabiduría, al librar batallas con determinación y disciplina.

Solo de esta manera podría realmente lograr una felicidad duradera (*eudaimonia*), al desarrollar todo su potencial natural.

Como sabemos, Hércules eligió el camino de la virtud (*areté*) y abordó sin descanso los famosos doce trabajos. Usó cada obstáculo para mejorar y aprender. Tras su muerte, el todopoderoso Zeus quedó tan impresionado con su ejemplo que lo elevó a la categoría de Dios.

Los estoicos usaban esta fábula como metáfora de lo que es en realidad una buena vida. Aseguraban que es mejor enfrentar desafíos en persecución de algo que merece la pena que buscar una vida fácil y cómoda, que simplemente debilita nuestro cuerpo y espíritu. La persecución de placeres transitorios nunca será el camino hacia la *eudaimonia*. Muchos confunden placer con felicidad, pero la felicidad real está más ligada a la realización personal, y se debe trabajar.

La leyenda de Hércules simboliza la decisión que debemos tomar cada día sobre nuestra vida. Debemos decidir lo que queremos ser y lo que estamos dispuestos a hacer para conseguirlo. ¿Buscas una vida sin sacrificio o una vida con propósito? ¿Eliges el camino fácil y te dejas arrastrar, o eliges el camino difícil de intentar mejorar?

Si eliges mejorar, sigue leyendo.

2
VISUALIZA
CON CLARIDAD

*La tranquilidad depende
del buen ordenamiento de la mente,
lo único que en realidad te pertenece.*

MARCO AURELIO

*Nos convertimos en filósofos
para descubrir la verdad
y lo que es simplemente
el resultado accidental
de razonamientos equivocados,
juicios apresurados o lecciones
bien intencionadas, pero equivocadas,
de nuestros padres y profesores.*

EPICTETO

Pensamos que somos seres racionales en control de nuestras decisiones, pero la realidad es distinta. Nuestros comportamientos están muy influenciados por pensamientos y emociones que ocurren sin nuestro conocimiento. Con frecuencia estas primeras impresiones son un buen reflejo de la realidad, pero en otras muchas ocasiones no. Y cuanto más distorsionada esté tu visión de la realidad, peores decisiones tomarás. Será como intentar llegar a otra ciudad siguiendo un mapa borroso.

El primer paso para ver con claridad es hacernos más conscientes de lo que ocurre en nuestra mente. Solo haciendo visible lo invisible lo podremos cambiar. Podremos así cuestionar si nuestras creencias y respuestas automáticas nos ayudan o nos dañan.

ENTIENDE TU MENTE: DEL ESTÍMULO A LA RESPUESTA

Examina las cosas que aparecen en tu mente.
Considera con objetividad lo que dicen los demás,
y establece después tus propias convicciones.
EPICTETO

Tendemos a confundir nuestros pensamientos con hechos y asumimos que nuestras primeras impresiones reflejan de manera fiel la realidad. Evidentemente esto es falso, y dos personas pueden interpretar de manera muy distinta el mismo acontecimiento.

Los estoicos entendían que no reaccionamos directamente a los eventos, sino a la interpretación que hacemos de ellos. Por eso advertían de la necesidad de cuestionar nuestras primeras impresiones y evitar formarnos opiniones con demasiada rapidez. Para tomar una buena decisión, debemos posponer los juicios de valor ante lo que ocurre a nuestro alrededor.

Si un evento externo te causa malestar, no es el evento en sí el que te daña, sino tu juicio sobre él. Y tienes el poder de cambiar tu juicio.

Marco Aurelio

Los estoicos entendían el poder del lenguaje. Sabían que distintas palabras producen distintas respuestas emocionales. Proponían por tanto ser precisos y objetivos con los términos que empleamos, limitándonos a describir la realidad, sin añadir nada más.

En vez de pensar: "Esta situación es terrible"; piensa: "Ocurrió algo, y mi primera impresión es que es terrible". La segunda opción te da mayor distancia y te permite observar la realidad con más calma.

Por ejemplo, si se te rompe un vaso, piensa simplemente: "Se rompió un vaso"; en vez de: "¡Otra vez rompí un vaso! ¡Qué torpe soy! ¡Nunca hago nada bien!". Lo primero es un hecho objetivo, lo segundo es un juicio de valor, probablemente falso y con certeza inútil.

Los estoicos llamaban a las primeras impresiones que recibíamos *phantasias*, que a veces eran un buen reflejo de la realidad, pero con frecuencia no. Por eso, antes de aceptarlas debemos cuestionarlas, tratándolas como hipótesis y no como hechos.

Al examinar esa primera percepción la podemos cambiar y adoptar así una perspectiva más productiva de nosotros mismos y del mundo que nos rodea. Y con una perspectiva más clara, tu respuesta será más acertada.

> *No dejes que la intensidad de una primera impresión*
> *te arrastre al golpearte. Responde así cuando llegue:*
> *"Espérame un poco, impresión, deja que vea quién eres y*
> *qué representas, deja que te ponga a prueba".*
> EPICTETO

Las impresiones no examinadas son el origen de muchas emociones exageradas, de ahí la importancia de adoptar esta práctica. Epicteto nos recomendaba vernos como vigilantes nocturnos de una fortaleza, y al igual que no daríamos acceso a nadie que viniera con malas intenciones, no deberíamos dejar entrar en nuestra fortaleza mental pasiones que nos puedan dañar.

Muchos creen que sus emociones son respuestas directas a lo que les ocurre, pero no es cierto. Entre el evento y la emoción hay una interpretación automática, un filtro inconsciente que condiciona nuestra respuesta.

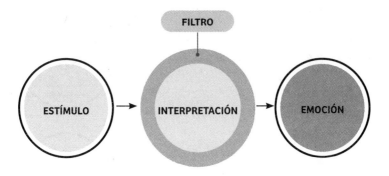

Este filtro es en parte innato, pero se va modificando a lo largo de nuestras vidas según nuestras experiencias, creencias y reglas internas.

Por ejemplo, ante la presencia de un perro (evento/estímulo), una persona podría sentir alegría y otra miedo. El motivo es que el filtro de la primera persona incluye asociaciones positivas con el perro (los perros son cariñosos), mientras que el filtro de la segunda persona contiene creencias negativas (los perros son peligrosos), quizá por una mala experiencia en la infancia.

Al explorar nuestros filtros podremos entendernos mejor e incluso modificar algunas de nuestras creencias. Y al modificar nuestras creencias cambiaremos las emociones que surgen ante eventos externos.

En cualquier caso, la aparición de la emoción es solo el primer paso. Muchos asumen que la emoción ocasiona necesariamente una reacción (como evitar al perro), pero tampoco es cierto. Entre la emoción y la respuesta podemos incorporar un espacio. Este espacio nos da la oportunidad de cuestionar la emoción y regularla adecuadamente, para lograr mayor control sobre nuestra respuesta.

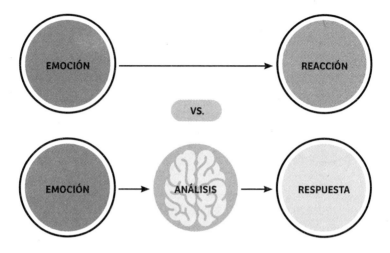

De esta manera, pasamos de reaccionar emocionalmente a responder racionalmente. El impacto en nuestra vida y estado mental será enorme.

¿Cómo podemos incorporar este espacio de reflexión? Prestando atención constante a nuestras emociones y sensaciones. Esta es precisamente la *prosoche* (atención plena) a la que se referían los estoicos.

> *Vigila constantemente tus percepciones,*
> *ya que estás protegiendo algo nada despreciable:*
> *tu respeto, tu valía, tu templanza, tu serenidad.*
> *En una palabra, tu libertad.*
> EPICTETO

Al prestar atención empezaremos a ser conscientes de este espacio, ofreciéndonos la oportunidad de cuestionar cada impresión, y de esta manera modificar nuestra respuesta.

Muchas personas recurren por ejemplo a la comida como respuesta automática a sentimientos de ansiedad o cualquier otro tipo de malestar emocional. Lo que repetimos se fortalece, y con el tiempo esta reacción se automatiza. Al forzar esta "pausa estoica" ante la emoción que nos incita a comer, convertimos un proceso inconsciente en uno consciente. Esto nos da la oportunidad de desarrollar nuevas estrategias para lidiar con el hambre emocional y pasar de una reacción automática a una respuesta razonada. En el cuaderno de trabajo profundizaremos en técnicas concretas.

Como con cualquier habilidad, desarrollar esta atención requiere práctica. Debes vigilar con frecuencia el inicio de las emociones y notar además los cambios físicos o sensaciones que las acompañan. Al detectar su nacimiento, podremos atajarlas a tiempo.

Es más fácil controlar las impresiones cuando son pequeñas que cuando ganan fuerza.
Séneca

Practicando las técnicas que incluye este libro mejorarás tu capacidad de separar los estímulos de tus respuestas. Entenderás los filtros mentales y pensamientos automáticos que disparan emociones, y evitarás que estas te hagan reaccionar sin pensar. Como dirían los estoicos, dejarás de ser un esclavo, zarandeado por tus impulsos de un lado a otro.

En resumen, el estoicismo pretende hacernos reflexionar sobre nuestros pensamientos, ayudando a nuestra mente a ser más consciente de ella misma. Pero esta conciencia es solo el primer paso. Una vez identificados nuestros pensamientos automáticos y las emociones que hacen surgir, debemos desarrollar la capacidad de cambiarlos. Para ello, los estoicos implementaron multitud de técnicas específicas, que iremos revisando progresivamente.

También debo aclarar que el proceso real no es siempre tan lineal. Emociones, pensamientos y comportamientos se retroalimentan constantemente. De hecho, el estímulo inicial no tiene por qué ser algo externo, y podría ser tu propio pensamiento el que dé lugar a una emoción. Desde un punto de vista práctico, lo importante es entender que podemos intervenir en distintos pasos del proceso, para lograr mayor tranquilidad mental (*ataraxia*) y mejorar nuestras decisiones.

DOMINA TUS EMOCIONES

*Ninguna persona es libre
si no es dueña de sí misma.*
EPICTETO

*¿Quieres gobernar un imperio?
Empieza gobernándote a ti mismo.*
PUBLILIO SIRO

*El más poderoso es el que tiene
poder sobre sí mismo.*
SÉNECA

Nuestros ancestros vivían rodeados de amenazas, que muchas veces requerían una respuesta inmediata: luchar o huir.

Estas reacciones automáticas, sin embargo, son con frecuencia contraproducentes en el seguro mundo moderno. En primer lugar, te ciegan y te hacen obrar mal. Además, son fácilmente explotables por los que te quieren provocar o vender lo que supuestamente te falta.

Por estos motivos los estoicos recomendaban cuestionar estas primeras percepciones y desconfiar de nuestras emociones. Que algo te haga sentir bien no quiere decir que sea bueno para ti. O que algo te dé miedo no quiere decir que debas huir de ello. El objetivo final es actuar siguiendo nuestros principios, no nuestras emociones.

Algunos interpretan esta regulación emocional como frialdad, y piensan que nos podría distanciar de los demás. Nada más lejos de la realidad. Son precisamente nuestras emociones distorsionadas las que dañan a menudo nuestras relaciones: enfados irracionales, envidias mal entendidas o celos injustificados. Solo podremos tener buenas relaciones con los demás si partimos de una buena relación con nosotros mismos.

Dicho esto, tampoco ignoremos que detrás de cada emoción suele haber una lección, un mensaje válido al que debemos prestar atención. Por eso, reitero, los estoicos no proponen suprimir las emociones, sino explorarlas, con tranquilidad y sin sobrerreaccionar.

Por ejemplo, ante la misma sensación de hambre, dos personas pueden generar autodiálogos muy distintos:

- ¡Me estoy muriendo de hambre! ¡Necesito comer ya!
- Siento hambre, pero es tolerable. Me gustaría comer, pero sé que puedo aguantar un par de horas hasta la cena.

¿Cuál de las dos crees que tendrá más probabilidades de cumplir su plan de alimentación?

Uno de los objetivos del estoicismo es entender el papel que juega nuestra mente en la distorsión de nuestra percepción y la creación de nuestro propio sufrimiento.

Recuerda que el mundo es inmune a tus emociones, responde únicamente a tus acciones. Y si tus acciones están guiadas por emociones distorsionadas tus resultados no serán los esperados.

Regular adecuadamente las emociones, especialmente las que los estoicos denominaban pasiones, es condición necesaria para lograr claridad mental y actuar de manera racional.

Además, las emociones son fuente de energía. Queremos canalizar esta energía hacia tareas productivas, en vez de dejar que nos arrastren a la deriva.

Para lograrlo, debemos ajustar nuestras creencias e interpretaciones, aprendiendo a debatir con nuestras emociones. A modo de ejemplo, haremos un repaso rápido de algunas de las emociones que causan sufrimiento y sabotean con frecuencia nuestros objetivos. Aprenderás a lidiar con ellas siguiendo las recomendaciones de los estoicos, pero detallaremos también técnicas modernas tomadas de las terapias cognitivo-conductuales.

TU CIUDADELA INTERIOR

En ningún sitio encontraremos
un retiro más tranquilo
que en nuestra propia mente.

Marco Aurelio

Entre la alta clase romana eran frecuentes los retiros a lujosas casas de campo. Aunque Marco Aurelio realizaba también estas escapadas, se hicieron cada vez menos frecuentes para él, ya que pasó las últimas décadas de su vida enfrentando numerosas invasiones bárbaras.

No se quejaba sin embargo de su destino, y se recordaba que una mente en calma es el mejor retiro. Denominaba **ciudadela interior** a este refugio interno, una fortaleza donde no llegan las tempestades externas que nublan nuestra visión objetiva, como el miedo o la ira. Independientemente de lo que ocurra afuera, tu mente puede permanecer en calma.

Muchos quieren viajar y conocer el mundo, pero pocos tienen la capacidad de detenerse y explorar su propia mente.

Nos limitaremos a continuación a realizar un repaso rápido de las emociones a las que los estoicos prestaban especial atención y resumiremos algunas de sus propuestas para lidiar con ellas. Llamaban a este proceso *therapeia*, una especie de terapia de las emociones cuyo objetivo era calmar las mentes agitadas por antojos, ansiedad, miedo, ira o tristeza.

MIEDO

Son más las cosas que nos asustan
que las que nos dañan. Sufrimos más
por la imaginación que por la realidad.
SÉNECA

Por nuestra falta de práctica estoica estamos siempre
inventando preocupaciones e imaginando que las
cosas son peores de lo que en realidad son.
EPICTETO

Como cualquier emoción, el miedo cumple una función, al alejarnos de posibles riesgos. Tememos la oscuridad y la altura, porque representaban amenazas a nuestra supervivencia. Nos aterraba también el rechazo social, porque la soledad solía ser mortal.

En el seguro mundo moderno, sin embargo, la mayoría de nuestros miedos son exagerados o directamente infundados. No solo son inútiles en la mayoría de los casos, sino que representan impedimentos que nos alejan de nuestros sueños.

Nuestro cerebro sigue pensando que nos protege, pero en muchos casos solo nos estanca. El miedo al fracaso nos impide por ejemplo dar el primer paso. Evitar las cosas que tememos alivia la tensión a corto plazo, pero genera un problema de falta de afrontamiento con el tiempo, lo cual aumenta el temor y limita nuestra capacidad de actuación.

Por estos motivos, vencer el miedo era una prioridad del estoicismo, y de hecho consideraban el coraje como una de las cuatro virtudes esenciales.

Para cada uno de tus miedos, te propongo seguir el siguiente proceso.

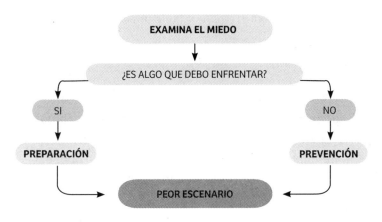

1) Examina y define el miedo

Como siempre, el primer paso es examinar la emoción, identificando su causa con precisión. ¿Qué es lo que realmente tememos? El miedo es muchas veces una respuesta a lo desconocido, y la mejor forma de reducirlo es iluminándolo. Tememos la oscuridad hasta que encendemos la luz.

Los estoicos usaban la analogía de una máscara. Cuando vemos de repente una persona con una máscara nos asustamos, hasta que entendemos que detrás de la máscara hay simplemente una persona, no un monstruo. De la misma manera, en palabras de Séneca: "Debemos quitar la máscara de todas las cosas, no solo de las personas, y veremos su apariencia real". Al hacer esto "entenderemos que no hay nada en ellas que debamos temer, más allá del propio miedo".

El primer paso para retirar esta máscara es describir lo que nos da miedo de manera objetiva y con distancia cognitiva (una técnica que veremos más adelante).

Definir lo que tememos nos permite convertir miedos abstractos en riesgos concretos, que podemos evaluar y en muchos casos mitigar.

Tememos muchas cosas simplemente porque no las examinamos. Temblamos y nos retiramos como soldados asustados que huyen al ver una polvareda, aunque haya sido levantada por ganado, o que se asustan por rumores falsos del enemigo.

Séneca

Debemos además intentar estimar el riesgo real. ¿Cuál es la probabilidad de que ocurra eso que tememos? Evaluar los miedos de manera racional nos ayuda a ajustar su intensidad.

Por ejemplo, nos causan más miedo situaciones fuera de nuestro control, como viajar en avión, que aquellas donde sentimos control, como conducir nuestro coche, a pesar de que viajar en avión sea mucho más seguro. Tememos también mucho más las agresiones de otras personas que otros tipos de muerte. Pero en realidad, muchos más fallecen por enfermedades causadas por sus propios hábitos que a manos de otros humanos. Si mejoras tu dieta y haces ejercicio reducirás tu riesgo de mortalidad mucho más que instalando en tu casa el más avanzado sistema de seguridad.

Una vez clarificado y analizado el miedo, debes evaluar la naturaleza de su causa. Simplificando, habría dos tipos de cosas que lo provocan:

- **Cosas que realmente quieres evitar.** Por ejemplo, te puede dar miedo lesionarte o fracasar en tu nuevo negocio. En estos casos debes aprovechar el miedo para tomar medidas preventivas.
- **Cosas que debes hacer.** En este caso, evitar el miedo solo te empequeñece. Por ejemplo, puede ser miedo a la incomodidad de entrenar o de pasar hambre, a ser el "raro del grupo" o a hablar en público. En estos casos, la evitación no es buena opción. Debes prepararte para actuar.

2) Prevención

En el caso de los miedos que representan verdaderas situaciones a evitar, deberás adoptar estrategias de prevención. ¿Qué puedes hacer para evitar el riesgo o al menos reducir su probabilidad?

Precisamente el objetivo de este libro es ayudarte a planificar tu estrategia de cambio y dotarte de multitud de herramientas y técnicas que te ayudarán a lograr lo que persigues.

Investiga, analiza, habla con personas que han hecho lo que tú quieres hacer. Pide su consejo.

En resumen, usa el miedo como una alerta de posibles consecuencias indeseables. Una vez que hayas tomado las medidas oportunas para reducir la ocurrencia de aquello que temes, el miedo ya no cumple ninguna función.

3) Preparación

Con frecuencia, nuestros miedos no representan amenazas reales, y huir de ellos solo nos aleja de nuestros objetivos. En este caso, la única opción es enfrentar aquello que tememos.

Los estoicos afirmaban que el miedo es muchas veces falta de familiaridad. Nos empequeñecemos ante lo que desconocemos, y como decía Séneca, la ignorancia es muchas veces la causa del miedo.

A medida que aprendemos sobre algo el miedo se reduce. Huimos de cosas que debemos hacer porque pensamos que son más difíciles de lo que realmente son.

Cuando el miedo viene del desconocimiento, la experiencia lo reduce. La acción repetida es la cura.

> *No es porque las cosas parezcan difíciles que no nos atrevemos. Es porque no nos atrevemos que las cosas parecen difíciles.*
>
> SÉNECA

Las cosas que nos asustan al principio pierden su fuerza al exponernos a ellas con frecuencia.

Las terapias psicológicas más efectivas reconocen esto, pero vencen el miedo a través de la exposición gradual y convierten lo que tememos en algo familiar. Si alguien sufre fobia a los perros, la mejor forma de perder el miedo es con exposiciones graduales a estos animales. Con el tiempo, su cerebro aprenderá que no son tan terribles como imaginaba.

A la hora de mejorar su cuerpo, muchos temen el cambio. No se ven capaces de realizar ejercicio o pasar un poco de hambre. Sin embargo, a medida que aprenden y se exponen gradualmente a eso que temen, el miedo se reduce y la motivación aumenta.

Nota importante: el miedo se reduce con cada exposición, pero debes elegir la dosis adecuada. Una exposición excesiva demasiado pronto podría reforzar el miedo.

4) Peor escenario y recuperación

Paradójicamente, visualizar con claridad tus miedos puede ayudarte a reducirlos. Para ello, los estoicos proponían la técnica denominada *praemeditatio malorum*, que consistía en imaginar que tus peores miedos se harían realidad.

Es una técnica poderosa con multitud de beneficios, y la detallamos en el apartado de Armamento estoico. En el caso del miedo, te enseña a verlo con desapego, restándole además el factor sorpresa.

Familiarizarte con el peor resultado te hace ver que con frecuencia la imaginación exagera la realidad.

¿Cuántas personas han pasado por tu peor escenario y lo han superado? Seguramente muchas. Y si ellas han podido, probablemente tú también. Somos mucho más fuertes de lo que pensamos, y visualizarnos lidiando con nuestros peores miedos los reduce.

El único luchador que empieza la pelea con confianza
es el que ha visto su propia sangre, el que ha sentido
en sus dientes el puño del contrincante, el que ha sido
tirado y golpeado, de cuerpo pero no de espíritu,
el que tantas veces como se cae se vuelve a levantar,
más desafiante que nunca.

SÉNECA

Adopta una postura desafiante ante los miedos. Transforma el "¿Y si pasa..?" en "¿Y qué si pasa?". En la mayoría de los casos, las cosas que nos asustan no son tan malas como pensamos. *Y qué* si suspendes el examen, *y qué* si tu pareja te deja, *y qué* si tu proyecto fracasa. Lo pasarás mal un tiempo, sin duda, pero saldrás adelante.

En resumen, no se trata de adoptar un optimismo ciego, pensando que nada malo ocurrirá, sino de confiar en tus capacidades para lidiar con lo que ocurra.

No temas el futuro. Lo enfrentarás con las mismas
armas con las que enfrentas el presente.

MARCO AURELIO

Es decir, debes reflexionar por un lado sobre si el resultado que temes es realmente tan malo, y pensar por el otro en tus propias capacidades para lidiar con el peor resultado. Si no te ves capaz, piensa en cómo alguien que admiras lidiaría con esa situación. Aplica para ello la técnica de "Contemplación del sabio", que veremos más adelante.

5) Siente el miedo y haz lo correcto

La recomendación estoica final es la más importante: actuar. Recuerda que coraje no es ausencia de miedo, sino hacer lo correcto a pesar del miedo.

De hecho, la acción es el antídoto del miedo. La acción reduce la incertidumbre, y trae la mente del futuro al presente. Pones la mente en lo que puedes controlar y reduces además la ansiedad.

Cuanto más clara e inspiradora sea tu visión, menos impacto tendrá el miedo. La parálisis o falta de motivación es muchas veces un reflejo de poca visión. Por eso hablaremos en breve sobre cómo generar esta visión.

Pregúntate cuáles serían los posibles beneficios de hacer eso que te da miedo, asumiendo que saliera bien. Pregúntate a continuación cuál sería el coste de no hacer nada.

Muchos prefieren seguir una vida insatisfactoria pero segura, que asumir el riesgo del fracaso. Pero con frecuencia, no hacer nada es el mayor riesgo. O como decía Séneca: "El miedo a la mala suerte empeora nuestra suerte", porque nos paraliza y nos estanca.

Si actúas y sale bien tendrás un beneficio. Si actúas y sale mal deberás pagar el coste del fracaso, pero te llevarás también un aprendizaje. Sin embargo, si no actúas, nunca lograrás nada ni aprenderás nada, y te quedarás simplemente con el coste del arrepentimiento: "¿Qué hubiera pasado si?".

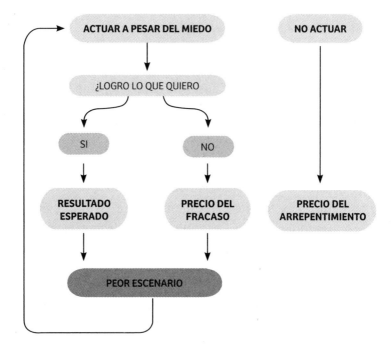

A largo plazo, el precio del arrepentimiento suele ser mayor que el del fracaso. Además, el fracaso no es un estado permanente. El aprendizaje que extraes en cada intento mejora las probabilidades de lograrlo en el siguiente. Conviertes el fracaso en éxito si aprendes de él.

De hecho, los estoicos te dirían que no hay más fracaso que obrar mal, todo lo demás es indiferente. Si hiciste tu mejor esfuerzo, deberías estar contento, independientemente del resultado.

Dicho esto, debes minimizar la exposición a riesgos que puedan ser catastróficos. Se trata de exponerte a riesgos frecuentes pero controlados. Riesgos que te ayuden a crecer y vencer tus miedos, pero que no te debiliten para siempre si la apuesta no sale como esperabas.

Ansiedad

Hoy escapé de la ansiedad, o mejor dicho la descarté,
porque está dentro de mí, en mis percepciones,
no en algo externo.
Marco Aurelio

La ansiedad es un efecto derivado del miedo, de ahí que lo abordemos a continuación. Para empezar, debemos entender que cierto nivel de ansiedad no es necesariamente malo. La ansiedad, como el miedo, te ayuda a estar más alerta y a identificar posibles riesgos. Pero por encima de cierto umbral, la ansiedad te puede bloquear y hacerte actuar mal, además de ser fuente de sufrimiento emocional.

Como decía Marco Aurelio, la ansiedad no es realmente algo externo, sino autogenerado. Y si nosotros la podemos crear, nosotros la podemos eliminar. Para los estoicos, la ansiedad se produce por intentar controlar aquello que no depende de nosotros.

Muchos sienten por ejemplo ansiedad por posibles eventos del futuro, anticipando posibles daños. Otra fuente habitual de ansiedad es nuestra preocupación por la opinión de los demás. Exploremos ambos casos.

1) Ansiedad por el futuro

Se daña más de lo necesario
quien se daña antes de lo necesario.
Séneca

Sufrimos con frecuencia porque proyectamos nuestros pensamientos al futuro, en vez de mantenerlos centrados en el presente. La ansiedad, como el miedo, nos puede ayudar a tomar medidas preventivas, pero una vez tomadas estas medidas, la ansiedad ya no aporta nada.

Por ejemplo, podemos sufrir ansiedad por una importante presentación que debemos hacer. Esa ansiedad nos motiva a prepararnos bien y a hacer nuestro mejor esfuerzo de cara a ese importante evento. Si ya estás haciendo todo lo que está en tus manos, puedes dejar la ansiedad de lado. No pienses que las cosas saldrán mal o que no serás capaz. Dedica esa energía mental a tu preparación.

> *No seas desgraciado antes de tiempo.*
> *Muchas desgracias que temes quizá nunca lleguen,*
> *y con seguridad no han llegado. Por esta razón*
> *algunos acontecimientos nos atormentan más de lo*
> *que deben, otros antes de lo que deben y otros*
> *no deberían atormentarnos en absoluto, porque*
> *nunca ocurrirán. O aumentamos el dolor,*
> *o lo anticipamos o lo imaginamos.*
> SÉNECA

Séneca nos recordaba con frecuencia que al sufrir con anticipación no solo sufrimos dos veces, sino que arruinamos el hoy por miedo al mañana. El posible dolor del futuro no está aquí ahora, así que no podemos sentirlo a menos que lo creemos con nuestra mente, y es precisamente lo que hacemos con la ansiedad.

En el caso de la presentación en el trabajo, ¿por qué persiste la ansiedad? Por los pensamientos automáticos que creamos: "¿Y si no lo hago bien? ¿Y si me despiden? ¿Y si no puedo entonces pagar el alquiler? ¿Y si...?". Veremos en breve cómo combatir estos pensamientos para ajustarlos mejor a la realidad y mitigar así la ansiedad.

Otra forma de combatir la ansiedad es trayendo la mente al presente, centrándonos en la acción que tenemos delante de nosotros.

La capacidad de visualizar el futuro, una de las mayores bendiciones humanas, se transforma a menudo en maldición. Los animales salvajes escapan de los peligros cuando los ven, y una vez a salvo dejan de preocuparse. Los humanos nos atormentamos por lo pasado y por lo que está por venir. Nadie que se centre en el presente será infeliz.

SÉNECA

Una recomendación estoica al sentir ansiedad es preguntarte si tienes en este momento algún problema real. Salvo que sufras dolor físico (para el que los estoicos tenían sus propias recomendaciones), lo más probable es que no. Centrarte en el momento presente reduce la anticipación a los hechos inciertos del futuro y mitiga la ansiedad. Este es precisamente uno de los beneficios de la meditación.

2) Ansiedad por la opinión de los demás

*No pases el tiempo que te queda pensando
en las opiniones de los otros, ya que te aleja
de tu propio trabajo.*

Marco Aurelio

Parte de la ansiedad viene de nuestra preocupación por la opinión de los demás. Durante gran parte de nuestra evolución vivimos en pequeños grupos, y nuestro marco de comparación eran las personas a nuestro alrededor. Su opinión sobre nosotros tenía un impacto importante en nuestra vida, y buscábamos constantemente su aprobación.

En la sociedad actual, sin embargo, estamos rodeados por miles de individuos cuya opinión no nos afecta en realidad, pero nuestra mente sigue angustiada por no ser aceptada. Las redes sociales magnifican este efecto, al exponernos a comentarios de desconocidos y permitir compararnos con toda la humanidad. Siempre encontraremos alguien que nos va a criticar y alguien que es mejor que nosotros en cualquier métrica que podamos imaginar.

Los estoicos proponen, como siempre, centrarse en nuestro ámbito de control, y la opinión de los demás no depende de nosotros. Lo único que podemos hacer es actuar guiados por nuestros valores, y compararnos con las personas que éramos antes. Y, curiosamente, al hacer esto nuestra reputación tenderá a mejorar.

Epicteto usaba el ejemplo de un cantante con ansiedad. En la soledad de su estudio cantaba y tocaba su arpa a la perfección, pero al subirse al escenario su voz se debilitaba y su arpa desafinaba.

¿Por qué la ansiedad? Porque ahora está preocupado por su reputación, algo fuera de su control. El músico siente ansiedad porque no quiere simplemente cantar bien, sino ganar el aplauso de los demás. Su error es asignar a la respuesta de su audiencia más valor que a su propia actuación, lo único que está directamente bajo su control.

Sé tu propio espectador.
Busca tu propio aplauso.
SÉNECA

Para Epicteto, este artista domina el arte de la música, pero no domina el arte de la vida. Le falta sabiduría, lo único que lo libraría de su miedo a la crítica.

Paradójicamente, al ignorar el aplauso de su audiencia lo obtendrá con más facilidad, al eliminar la ansiedad y concentrar toda su energía en su actuación, lo único que está realmente bajo su control.

¿Qué debemos hacer en cada momento?
Lo mejor que esté en nuestras manos,
y desapegarnos del resto.
EPICTETO

La aceptación de todo lo externo nos da poder. Nos libera de la ansiedad y el miedo irracional. Nos permite dedicar toda nuestra atención y energía a nuestras acciones.

IRA

Cuando pienses que alguien te ofende o te insulta,
no te dejes llevar por esa impresión. Recuerda que
no es su comportamiento lo que te daña,
sino tu juicio.
EPICTETO

Elige no ser dañado, y no lo serás.
Si no te sientes dañado, no lo has sido.
MARCO AURELIO

Mientras que la ansiedad se origina por miedo a un cierto evento, la ira surge porque ha ocurrido algo que no queríamos, y frecuentemente algo causado por otra persona.

Para los estoicos, la ira es una de las emociones más destructivas, de ahí que pusieran especial énfasis en dominarla. Séneca dedica un libro entero a esta emoción, titulado *Sobre la ira*, y se refiere a ella como una locura pasajera por la que pagamos un alto precio: "La ira incontenida es frecuentemente más dañina que la injuria que la provoca", "La ira es un ácido que hace más daño al recipiente que la almacena que al objeto sobre el que se vierte", o "La ira es como una piedra en caída libre, que se va descomponiendo contra las mismas cosas que golpea".

¿Por qué es tan destructiva la ira? Porque nubla nuestra vista, y dado que representa una especie de deseo de venganza contra quien sentimos que ha hecho algo incorrecto, el resultado puede ser nefasto.

La mayoría de los actos violentos no son premeditados, sino impulsivos, causados por la ira. Sin llegar a estos casos extremos, una respuesta impulsiva en estado de ira puede hacerte perder tu trabajo o dañar tu relación de pareja.

Si estás en manos de la ira, tus decisiones serán probablemente equivocadas. Sacrificamos nuestros objetivos de largo plazo por responder a provocaciones en el presente, de ahí la importancia de postergar la respuesta hasta calmar la mente.

La mejor acción correctiva contra la ira es la postergación de la respuesta. Su primer asalto es duro, pero se debilitará con la espera.

Séneca

El primer paso, como siempre, es despegarse de la emoción y examinar la realidad con objetividad. ¿Qué ha ocurrido exactamente? Debemos evaluar si realmente hemos sido dañados o estamos exagerando el evento en nuestras mentes.

¿Estás en un atasco y alguien se coló en tu carril? ¿Tu fila del supermercado va especialmente lenta? ¿Hicieron un comentario negativo en tu foto de Instagram? ¿Alguien te puso mala cara? Son muchas veces minucias como estas las que nos enfadan.

En estos casos debemos simplemente poner en perspectiva la situación y abstenernos de responder. Es un buen momento para recordar que no hemos sido realmente dañados por algo externo, sino por nuestra interpretación del hecho. Al perder la cabeza por pequeños inconvenientes, pasamos gran parte del día fuera de nuestro estado ideal de ecuanimidad.

Como observa Séneca: "Nuestra ira suele durar más que el daño que nos produjo la fuente de esa ira". Si alguien se te cuela en el tráfico llegarás medio minuto más tarde al trabajo, ese es el daño real. Pero con frecuencia la ira infectará buena parte de tu día. En este caso eres tú el culpable de tu sufrimiento, no algo externo.

Los estoicos nos recomendaban elevar nuestro nivel de tolerancia a estas pequeñas circunstancias y nos alertaban sobre que, de lo contrario, nos pasaremos la vida reaccionando a los actos de otros y a aspectos poco favorables del entorno.

Los estoicos eran especialmente críticos con esas personas que parecen vivir en un estado constante de enfado y ofensa. Si no hay nada específico de qué protestar, extraen de su memoria agravios del pasado para alterar su presente. La tranquilidad (*ataraxia*) es el estado mental óptimo, y alterarlo voluntariamente es de necios.

Para cambiar tu perspectiva puedes utilizar las técnicas de vista de pájaro y distancia cognitiva que describiremos en el capítulo de armamento estoico.

Otra estrategia estoica para calmar la mente es cambiar primero el cuerpo. Conocían la relación entre nuestra fisiología y nuestra psicología, y Séneca recomendaba forzar externamente una compostura sosegada: relajar la musculatura de la cara, respirar con calma, caminar despacio... Sabían que, en poco tiempo, el estado mental interno reflejaría el estado físico externo.

Además de analizar si hemos sido realmente dañados, los estoicos proponían evaluar las intenciones de los causantes de nuestra ira. Asumimos con frecuencia malicia en las acciones de los demás, cuando la causa principal es muchas veces el despiste o la incompetencia. Aunque el resultado final sea el mismo, nuestra ira suele reducirse al entender que los actos de otros son casi siempre accidentales, no malintencionados contra nosotros.

De hecho, muchas veces estarán justificados, y nosotros mismos actuaríamos como ellos si estuviéramos en su situación. Como decía Epicteto: "¿Cómo puedes saber si alguien ha obrado mal si no conoces sus motivos?". Quizá el conductor que se coló en tu carril estaba llevando a su hija gravemente enferma al hospital. O quizá no, pero aceptar al menos la posibilidad de que podría tener motivos para su comportamiento, que seguramente no tengan nada que ver contigo, reducirá tu enfado. ¿Cuántas veces has hecho tú sin querer eso que tanto te molesta que hagan los demás? Aceptar los errores de otros es igual de importante que aceptar los tuyos propios.

Mantenemos los fallos de los demás
delante de nuestros ojos, y los nuestros propios
tras nuestra espalda.
SÉNECA

Otra forma de reducir nuestro enfado es prestando menos atención a las opiniones de los demás.

¿No quieres irritarte? No indagues más de la cuenta.
Los que están siempre preguntando qué han dicho
de ellos los demás solo conseguirán enfadarse más.

SÉNECA

En la era actual, es más fácil que nunca indagar más de la cuenta. Ponte a revisar cada comentario que dejan en tu Instagram y encontrarás alguno desfavorable.

Si nos ofendemos por los comentarios de los demás nos pasaremos la vida ofendidos. Y esta es una respuesta típica del estoicismo a muchos otros ámbitos. Si te vas a molestar por "X", te pasarás la vida molesto, porque las oportunidades de "X" son infinitas.

Nos hace más daño lidiar con las consecuencias de nuestra respuesta impulsiva que simplemente tolerar los hechos que nos han enfadado. De nuevo, la propia ira es más peligrosa que aquello que la causa.

El vicio de otros no puede penetrar tu mente
a menos que lo permitas. Es por ello más importante
hacer algo primero sobre tu propia ira,
y después sobre su causa.

SÉNECA

Esto no quiere decir que ignores la causa de tu enfado. Si un empleado hace algo mal lo debes corregir. Si su comportamiento no mejora lo tendrás que despedir. Pero enfadarte con él solo aumentará su resentimiento y te restará tranquilidad.

Recuerda que el comportamiento de los demás está fuera de tu ámbito de control.

En algunos casos, será evidente que las acciones de la otra persona sí tenían intención clara de dañarnos. Son estos casos los que más encienden nuestra ira, pero también donde es más importante controlarla.

Enfadarse por una situación rara vez la mejora, y simplemente dificulta tu capacidad de razonar. Si te enfadas le estás dando poder a quien te quiere dañar, le estás permitiendo alterar tu estado mental. No cedas a nadie ese poder. Si te provocan con facilidad, te controlan con facilidad.

Cualquier persona capaz de hacerte enfadar
se convierte en tu dueño.
EPICTETO

Ante un ataque malintencionado, evalúa si realmente el agresor merece una respuesta. Con frecuencia, la mejor respuesta es la indiferencia. Ser ignorado es muchas veces el peor castigo para quien intenta destacar atacando a los demás. Recuerda que para los estoicos actuar mal era el único mal, y no debemos permitir caer en la provocación.

No importa la ofensa que nos dan,
sino cómo la recibimos.
SÉNECA

Una vez más, el desapego de los estoicos no refleja indiferencia ni debilidad. Es una estrategia para mantener tranquilidad y claridad mental, actuando siempre de manera racional.

Si decides que la ofensa requiere respuesta, actúa con firmeza pero sin ira. Sé asertivo a la hora de exigir un trato justo. Oponte a los intentos de otros por controlarte o bloquear tus acciones. Con tranquilidad, pero con determinación. Quien responde a la provocación con justicia demuestra más fortaleza que quien se deja llevar por la ira. No respondas como te atacan, responde como eres.

También puedes aprovechar la fuerza de la ira de manera constructiva. ¿Estás enfadado? Vete al gimnasio y entrena duro.

Por último, los estoicos eran prácticos, y entendían que en ciertas circunstancias la apariencia de ira podía ser una herramienta útil. Fingir enfado puede ayudarte en una negociación, pero es un arma que debes usar con cuidado. La ira fingida puede dar paso a la real.

En resumen, nos enfadamos porque ocurre algo que no esperamos. "Pensamos que no deberíamos ser heridos ni por nuestros enemigos", dice Séneca. Protestamos como niños cuando el mundo no nos da todo lo que deseamos, mientras ignoramos todo lo que sí nos ofrece. Nuestras expectativas irrealistas son muchas veces la causa de nuestra frustración e ira. Si nos centramos en lo que está en nuestro control, reduciremos los ataques irracionales de ira.

Nos enfadamos por cosas normales y añadimos juicios de valor con expresiones como: "¡No lo puedo creer!", para referirnos a eventos que les ocurren con frecuencia a otras personas. ¿Por qué te extrañas tanto de cosas frecuentes? Esta actitud, decía Marco Aurelio, es como extrañarse de que la higuera produzca higos o de que los niños lloren. Es lo que hacen.

Marco Aurelio adoptaba la postura opuesta y entendía que "todo lo que ocurre es tan familiar como la rosa en primavera o la fruta en verano", o "cuando nos sorprendemos de que una persona malvada actúe con maldad, es culpa nuestra por esperar lo imposible". Las personas que atacan constantemente a los demás suelen ser poco afortunadas en la vida en general. Su comportamiento es su propio castigo, y cometerías un error si te dejas arrastrar.

Ante la ira, tienes dos alternativas: *1)* Reaccionar de manera impulsiva mientras sigues en manos de tu enfado o *2)* Posponer la respuesta hasta calmar la mente y evaluar con tranquilidad las opciones disponibles.

> *Es mucho mejor curarse que buscar venganza por el daño. La venganza desperdicia mucho tiempo y te expone a nuevas heridas.*
> SÉNECA

Responde de manera racional, una vez que la ira se haya reducido. Y recuerda que la mayoría de las veces, la mejor respuesta es ninguna. Como decía Marco Aurelio, la mejor venganza es no ser como los que te atacan.

VERGÜENZA

El éxito y el fracaso, el dolor y el placer, la riqueza y la pobreza. Todas estas cosas ocurren a personas buenas y a personas malas, y por tanto no traen nobleza ni vergüenza.

MARCO AURELIO

Durante gran parte de la evolución, nuestra supervivencia dependía de la capacidad de colaborar con los demás. El altruismo y el respeto de las normas sociales elevaban nuestro estatus en el grupo, mientras que el egoísmo y la indiferencia hacia los convenios tribales lo reducían. Las probabilidades de supervivencia y de tener descendencia dependían en gran medida de nuestro estatus, de ahí que nuestro cerebro sea muy sensible a variaciones percibidas de nuestra posición en la jerarquía social.

Evolutivamente, la vergüenza nos hacía acatar las normas sociales, limitando las acciones egoístas que podrían dañar al grupo, perjudicando por tanto nuestro estatus.

Si sientes vergüenza, debes como siempre analizar su origen. Es posible que esta emoción esté justificada, si has hecho algo que no deberías. En este caso la vergüenza suele provocar culpa o remordimiento, y será la siguiente emoción que tratemos.

En muchos casos, sin embargo, la vergüenza se origina en transgresiones imaginarias. Sentimos vergüenza si tenemos sobrepeso o poco dinero, al seguir pensando que esto disminuye nuestro estatus. De hecho, ser distinto en cualquier sentido suele producir vergüenza, al creer inconscientemente que estamos violando los convenios tribales.

Muchos sienten vergüenza por su cuerpo, al considerar que no alcanzan un nivel arbitrario de atractivo físico. Para empezar, debes entender que tu aspecto físico no te define, y que es solo un aspecto más de lo que eres. Es bueno desde luego intentar verse mejor, pero no por vergüenza ante lo que piensen los demás. Debes aceptar tu apariencia mientras tratas de mejorarla, entendiendo que tu valía no depende de tu físico. Sin duda mejorarlo te dará más confianza, pero el proceso es tan importante como el resultado. Mientras tanto, siéntete agradecido por todo lo bueno que tiene tu cuerpo y todo lo que hace por ti a diario. Quizá tus piernas no sean las más atractivas, pero te llevan a todas partes sin protestar. Si aprendes a apreciar tu cuerpo, estarás más motivado a cuidarlo. Una técnica para lograr esto es por ejemplo la "Visualización negativa", que detallaremos en el apartado de armamento estoico.

Y lo mismo podríamos decir de tus posesiones. Recuerda que para los estoicos, tu estatus socioeconómico es indiferente. Tu valía se mide realmente por tus acciones. Por tanto, la única vergüenza viene de obrar mal.

Irónicamente, algunos sienten vergüenza justo por intentar hacer lo correcto. En el mundo actual los malos hábitos están normalizados y esto convierte en raros a los que se preocupan por su salud. Se considera normal tomar Coca-Cola a todas horas y desayunar harinas, pero si haces ayuno intermitente o dices que no comes ultraprocesados pasarás a ser extraño.

Por suerte, los estoicos mostraban desprecio por la conformidad. Nos recordaban que todas nuestras acciones debían estar guiadas por la virtud, no por convenios sociales. Cuestionaban las cosas que la mayoría perseguía, y asignaban valor a lo que realmente lo merecía: actuar bien y de manera racional.

Nos recordaban una vez más que las opiniones de los demás son externas, y por tanto ni las podemos controlar ni nos deben preocupar.

Aunque no hemos hablado todavía de él, Catón es reconocido como uno de los mejores ejemplos de estoicismo, pero es poco conocido porque no dejó nada escrito. Plutarco escribía lo siguiente de él: "Viendo que las túnicas púrpuras eran la moda, Catón siempre llevaba una negra. Y con frecuencia salía por las mañanas sin túnica ni zapatos, no para vanagloriarse de esta novedad, sino para acostumbrarse a sentir vergüenza solo de las cosas que realmente lo merecen". Al entender que nada malo te ocurre por sentir un poco de vergüenza, esta emoción pierde fuerza. Otra estrategia usada por los estoicos para reducir el sentimiento de vergüenza era reírse de sus propios errores, lo que disminuía su impacto sobre su autoestima.

Al intentar cambiar, muchos te criticarán. Si eras como ellos pero quieres mejorar, lo interpretarán como un ataque personal, como un cuestionamiento a su forma de vida actual. Estas críticas pueden causar vergüenza y frustrar por tanto muchos esfuerzos de cambio, y por eso lo trataremos en más detalle en la sección de **Resiste con disciplina**.

REMORDIMIENTO

*Dos elementos deben ser eliminados de una vez
por todas: el miedo al sufrimiento futuro y el recuerdo
de sufrimientos pasados. El segundo ya no me afecta
y el primero todavía no me afecta.*

Séneca

¿Qué sentido tiene traer sufrimientos del pasado?
¿Ser infeliz ahora porque fuiste infeliz antes?
SÉNECA

Así como la ansiedad se origina muchas veces por preocupaciones futuras, el remordimiento suele venir al recordar eventos del pasado. Revisar el pasado tiene su utilidad, y nos permite por ejemplo extraer lecciones valiosas que nos ayudarán a mejorar en el futuro.

Mira hacia el pasado, con sus imperios cambiantes
que se alzaron y cayeron, y serás capaz
de prever el futuro.
MARCO AURELIO

Una vez extraídas las lecciones de tus errores, regresa al presente. No revises tus acciones anteriores una y otra vez. Céntrate en el presente y en actuar correctamente en el único momento que posees: ahora.

No tropieces con algo que está detrás de ti.
SÉNECA

Si sientes culpa o remordimiento puede ser una simple señal de que no has obrado bien (hiciste algo que no debías o dejaste de hacer algo que debías). Quizá te has saltado la dieta y tu plan de entrenamiento durante varios días seguidos, y te sientes defraudado contigo mismo.

Muchos responden a este sentimiento con un pobre diálogo interno ("¡Siempre lo estropeo todo!") o con un autocastigo poco productivo.

Ambas estrategias son equivocadas. Los estoicos te dirían que no pierdas tiempo lamentando los errores del pasado, y te recordarían que eres humano. Perdona tus fallos pero aprende de ellos.

Los estoicos recomendaban de hecho reflexionar sobre nuestras acciones a diario, precisamente para revisar lo que hicimos bien y dónde debemos mejorar. Pero añadir sufrimiento o castigo a este proceso no lo hace más efectivo.

Si tu remordimiento viene por una mala acción hacia otra persona, piensa si puedes hacer algo para mitigar el daño causado. Si puedes, hazlo. Si no, pedir perdón es tu mejor opción. Discúlpate y continúa. Autocastigarte no ayudará a nadie.

TRISTEZA

¿Te digo yo que no muestres tu emoción en un funeral?
Claro que no. Sería algo cobarde,
no valiente, ver la muerte de los tuyos como si siguieran
con vida, y no ser conmovido
cuando tu familia se desmiembra.

SÉNECA

Como bien reconocían los estoicos, somos seres sociales, y nada nos afecta más que la pérdida de un familiar o una ruptura sentimental. Y de nuevo la imagen que muchos tienen del estoicismo es incorrecta. Decirle a alguien que no sufra ante un evento así no es solo cruel, es inútil.

Como siempre, la tristeza no es necesariamente mala. Nos puede motivar a cambiar o buscar el apoyo de los demás. La tristeza es una respuesta automática que no podemos evitar, pero que podemos aprender a domesticar.

Nunca te diré que no sientas pena ante una pérdida,
pero más de la necesaria es solo vanidad.
SÉNECA

Lo que muchas veces se medica ahora con pastillas se trataba antes con filosofía, y en este ámbito destacan las llamadas "cartas de consolación". Eran comunes en distintas escuelas filosóficas, pero son especialmente reconocidas las escritas por los estoicos.

Además de consuelo y ánimo, proponían ejercicios reflexivos y argumentos persuasivos, orientados a reducir el dolor de cualquier tipo de pérdida.

Merece la pena revisar algunos de sus argumentos, que podemos aplicar en la actualidad para superar estos momentos.

Primero, nos hacían reflexionar sobre la utilidad del sufrimiento. Entendían que el duelo inicial es normal, pero advertían que a partir de cierto momento nos daña más nuestro propio lamento que la pérdida sufrida.

Deja que tus lágrimas fluyan,
pero deja también que cesen.
SÉNECA

Segundo, intentaban cambiar nuestra perspectiva, al poner énfasis en lo que tuvimos y pensar menos en lo que perdimos. Si has perdido a alguien, piensa en cuánto peor hubiera sido tu vida si esa persona no hubiera estado nunca contigo. Debes sentirte agradecido porque esa relación existió, en vez de triste porque terminó.

Una parte de las personas que amamos
sigue con nosotros. Ese tiempo pasado
nos pertenece.
SÉNECA

A nivel general, los estoicos recomendaban ver todo lo que llega a nuestras vidas como un préstamo del universo, que puede ser reclamado en cualquier momento. Esto nos ayuda a apreciar más lo que tenemos y a sufrir menos cuando lo perdemos.

Cuando des un beso a tu hijo,
recuerda que estás besando a un mortal.
EPICTETO

En tercer lugar, nos preguntaban si la persona por la que sufrimos desearía vernos así por mucho tiempo. Si la respuesta es sí (alguna expareja perversa), no merece nuestras lágrimas. Y si la respuesta es no, la mejor manera de honrar su recuerdo sería cesando nuestro sufrimiento, que no es útil ni para esa persona ni para nosotros.

Nadie se alegra menos de tu tristeza
que la persona a la que se la ofreces.
O bien no quiere que sufras, o bien no sabe
que lo haces. Así que tu emoción
no cumple ninguna función.
Tus lágrimas no ayudan a nadie,
y no tiene sentido prolongar lo inútil.
SÉNECA

Por último, los estoicos ofrecían en sus cartas muchos ejemplos de personas que habían superado momentos similares. Cuando atravesamos dificultades, nos ayuda saber que otras personas han pasado por lo mismo, y que con la mentalidad adecuada no solo han sobrevivido, sino que se han fortalecido.

Tanto Séneca como Marco Aurelio tuvieron que enterrar a varios hijos, así que hablaban desde la experiencia. Nos recordaban que los humanos estamos capacitados para enfrentar todo tipo de tragedias, y la filosofía nos ayuda con múltiples recursos.

ENVIDIA

Recuerda, nunca lograrás las recompensas
que otros han tenido sin realizar los mismos
esfuerzos. No es razonable pensar que podemos
obtener algo sin pagar su justo precio.
Los que han logrado algo no tienen ventaja sobre ti,
porque ellos tuvieron que pagar un precio.
Siempre es nuestra elección si deseamos
pagar el precio por alguna recompensa.
EPICTETO

Como todas las emociones, la envidia puede ser positiva si sabes aprovecharla. La envidia te da información sobre las cosas que deseas y las personas que admiras. Puede ser una fuente de energía, siempre que no permitas que la envidia derive en resentimiento.

¿Cómo nos aconsejaban los estoicos lidiar con el sentimiento de envidia? Entendiendo en primer lugar que solo vemos la fachada de los demás, pero no lo que hay detrás. Vemos los éxitos públicos de los grandes deportistas, pero ignoramos el sacrificio que realizaron en privado: las horas de entrenamiento, los viajes constantes, la presión, la renuncia a los momentos de ocio.

Si envidias el cuerpo de alguien o sus capacidades, debes entender que seguramente pagaron un precio para lograrlo. ¿Estás dispuesto a invertir el mismo esfuerzo? En caso afirmativo, deja de envidiar y ponte a trabajar. En caso contrario, prefieres en realidad tu situación actual antes que realizar el esfuerzo de cambiar. Lo que es de necios, como decía Epicteto, es esperar una recompensa sin pagar el precio.

Evidentemente no todos pagan el mismo precio por lo que alcanzan. Tenemos condiciones genéticas y socioeconómicas distintas, pero tus genes o la familia en la que naciste están fuera de tu control. Lamentarte por estos factores externos o porque alguien parte de una mejor situación no te ayudará. Además, si la otra persona ha logrado con facilidad lo que tú deseas, seguramente tampoco lo valorará, ni le causará mucha felicidad.

Piensa simplemente en lo que puedes mejorar, en actuar sobre todo aquello que está en tu poder. Si tienes dudas sobre cómo llegar a donde quieres, pregunta a aquellos que ya han recorrido el camino. Transforma tu envidia en admiración, motivación y esfuerzo.

Para vencer la envidia negativa los estoicos nos recomendaban mirar más hacia abajo y menos hacia arriba. La gratitud es el antídoto de la envidia destructiva.

Nos enfadamos si alguien está delante de nosotros,
pero nos olvidamos de todos los que están detrás.
A pesar de haber recibido mucho, nos sentimos
agraviados por no haber recibido más.

SÉNECA

Además de reducir la envidia, la gratitud es efectiva para mitigar múltiples emociones negativas, y es una de las técnicas que veremos en el apartado de armamento estoico.

Por último, los estoicos advertían que muchas de las cosas que envidiamos no las deseamos en realidad, y simplemente las buscamos para elevar nuestro estatus social. Ser un alto ejecutivo suena atractivo, pero muchos de ellos odian sus trabajos y su vida. Tener un coche más caro aumenta nuestra autoestima, pero supone más trabajo para pagarlo y más miedo a que le pase algo.

> *Y cuántas cosas adquirimos simplemente*
> *porque las han adquirido nuestros vecinos.*
> Séneca

DESEO

> *Nadie puede tener todo lo que desea. Lo que todos*
> *podemos hacer es no desear lo que no tenemos,*
> *y disfrutar con alegría lo que poseemos.*
> Séneca

El deseo es un arma de doble filo. Por un lado, el deseo por mejorar nos motiva a actuar, y puede aportar propósito a nuestras vidas. Pero por otro lado, el deseo descontrolado nos lleva muchas veces a obrar mal, y es la causa de muchas decisiones equivocadas.

Moderar el deseo es fundamental para alcanzar tus objetivos, y por eso profundizaremos en esta emoción (y en estrategias prácticas para controlarla) en la sección de **Resiste con disciplina**.

DISTORSIONES COGNITIVAS

Crees que tienes que habértelas con muchas dificultades, pero la verdad es que la mayor dificultad está en ti y tú eres el mayor estorbo para ti mismo.

SÉNECA

Tras este rápido repaso de las principales emociones que suelen causarnos problemas, empezarás a reconocer patrones que se repiten con frecuencia. Para los estoicos, el origen del problema no está en el evento externo, sino en nuestra interpretación y respuesta interna. Recomendaban siempre adoptar una perspectiva más productiva, que cuestionara constantemente estas primeras impresiones.

La capacidad de interpretar nuestros pensamientos y emociones como hipótesis, en vez de como hechos, es quizá la mejor herramienta mental para ver el mundo con claridad. Al explorar y cuestionar nuestras impresiones iniciales podremos ajustarlas a la realidad, y evitaremos actuar de manera irracional.

Antístenes, antecesor del estoicismo, decía que su principal aprendizaje de la filosofía había sido la capacidad de dialogar consigo mismo. En realidad estamos siempre dialogando con nosotros mismos, pero lo hacemos de manera inconsciente. Muchos de estos procesos cognitivos se automatizan con el tiempo, y no somos conscientes de cómo nos impactan.

Las terapias cognitivo-conductuales adoptan los principios básicos del estoicismo, pero aplican mayor rigor científico. Entienden que muchas de nuestras decisiones equivocadas surgen por emociones distorsionadas, por errores de pensamiento que debemos intentar corregir.

Clasifican estas distorsiones cognitivas en distintas categorías, lo que facilita la evaluación de nuestros pensamientos. Merece la pena revisar algunas de estas distorsiones, ya que el simple hecho de conocerlas te ayudará a identificarlas y evitarlas. He seleccionado las diez más comunes, con ejemplos concretos. A medida que las revisas, intenta pensar cuáles de estos errores de pensamiento cometes con más frecuencia. Reducir estas distorsiones cognitivas sería el equivalente a corregir la graduación de tus gafas. Si ves el mundo borroso tropezarás con frecuencia. Corregir tu pensamiento mejorará tus decisiones.

DISTORSIONES COGNITIVAS

1 RAZONAMIENTO EMOCIONAL	2 CATASTROFIZAR	3 GENERALIZAR EN EXCESO
4 BLANCO Y NEGRO	5 FILTRO NEGATIVO	
6 DESCALIFICAR LO POSITIVO	7 ADIVINAR EL FUTURO	8 LECTURA DEL PENSAMIENTO
9 ETIQUETAMIENTO	10 LOS "DEBERÍA"	

1) Razonamiento emocional

Consiste en asumir que nuestras emociones son un reflejo fiel de la realidad: "Siento miedo al subirme a un avión, por tanto viajar en avión es peligroso", "Me produce ansiedad hablar en público, por tanto soy incapaz de hacerlo" o "Me siento ofendido, por tanto es que me han atacado".

Estos pensamientos automáticos producen respuestas compensatorias, que nos hacen huir de todo lo que nos produce miedo o ansiedad. Este comportamiento evitativo reduce la ansiedad a corto plazo, pero limita nuestra vida en múltiples ámbitos.

En el caso de las dietas, muchos interpretan el hambre como señal de que su cuerpo necesita energía. Sin duda el hambre tiene un componente fisiológico, pero también emocional. En el cuaderno de trabajo veremos cómo la capacidad de explorar esta sensación ayuda a tolerarla mejor.

2) Catastrofizar

Consiste en magnificar la importancia de nuestros problemas o las cosas que nos ocurren. Es el clásico "hacer una montaña de un grano de arena".

Cometemos por ejemplo este error cuando después de unas horas sin comer pensamos que nos estamos muriendo de hambre. En estos casos debemos preguntarnos si nuestra situación es "realmente insoportable" o simplemente "poco agradable". Nuestra interpretación determinará en gran medida nuestra emoción, y finalmente nuestro comportamiento: abandonar o seguir adelante.

Asumimos sin razonar que cuando algo es difícil de tolerar es por tanto intolerable. Esto magnifica la incomodidad y nos hace abandonar.

Nos ocurre también con relación al futuro, cuando nos centramos en el peor resultado posible y pasamos a considerarlo el más probable. Este pensamiento distorsionado nos hace además asumir que seremos incapaces de tolerar eso que tememos, en caso de que ocurriera.

3) Generalizar en exceso

Caemos en este error cuando asumimos que ciertos eventos puntuales son representativos del global: "¿Por qué me ocurre todo lo malo?" o "Nunca me sale nada bien".

Cuando usamos sentencias categóricas que empiezan por "Siempre...", "Nunca...", "Todo el mundo..." o "Nadie...", es muy probable que estemos cayendo en este sesgo cognitivo.

Si por ejemplo has dejado tu dieta y tu pareja no te apoyó, podrían surgir estos pensamientos negativos: "Siempre abandono" y "Nadie me apoya". Debes cuestionar estas creencias, buscando evidencia en tu pasado que contrarreste estos pensamientos saboteadores: ¿en qué ocasiones lograste lo que te proponías? ¿Qué personas te ayudaron en el pasado?

Al revisar la realidad con objetividad, encontrarás multitud de ejemplos que desmienten tu creencia inicial, ayudándote a regular la emoción original.

4) Pensamiento blanco y negro

También llamado pensamiento dicotómico o "Todo o Nada". Tendemos a ver las cosas en extremos, todo o nada, éxito o fracaso. Sin embargo, la realidad es más compleja, y en casi todos los casos existe una gran gama de grises.

Si estás a dieta y comes un pastelillo, podrías pensar que ya lo has estropeado todo, a pesar de que lleves toda la semana comiendo bien. Si asumes que has echado por la borda todo el trabajo anterior, reducirás tu motivación y aumentarás el riesgo de abandono. Esta creencia es equivocada. No necesitas hacerlo todo bien para lograr buenos resultados. En vez de pensar que has fracasado, asígnate una nota objetiva según tu comportamiento de la semana (o un porcentaje de cumplimiento, por ejemplo 75%). Ahora intenta simplemente mejorar la semana siguiente.

Entiende que nadie es perfecto, y que incluso los mejores estoicos se equivocaban. Puedes alcanzar tus objetivos a pesar de cometer errores durante el camino. Permítete cierto margen de error. Evita etiquetas absolutas como todo/nada o éxito/fracaso. Aprende a pensar en escala de grises, no en blancos y negros. En grados, no en extremos.

5) Filtro negativo

Cometemos este error cuando aspectos negativos puntuales nos impiden ver todo lo positivo. Si obtenemos una calificación baja en una prueba nos sentimos mal, sin ver que quizá nos ha ido bien en todas las demás. Si has perdido peso durante varias semanas pero te estancas en la última, te vienes abajo, al dar más importancia a este resultado concreto que a todos los anteriores. O prestas especial atención a las personas que descalifican tu trabajo, sin darte cuenta de que hay muchas más personas que lo valoran.

Intenta ajustar tu filtro mental, siendo objetivo con lo que ves. Imagina que debes defender tu caso ante un juez. ¿Qué pruebas usarías a tu favor?

Una variante de este error es compararnos con los demás. Si estamos en un grupo de pérdida de peso, nos sentimos mal porque a otros les ha ido mejor, aunque nuestros resultados hayan sido objetivamente buenos.

6) Descalificación de lo positivo

Es la otra cara del sesgo negativo anterior. No solo tendemos a agrandar lo malo, sino también a minimizar lo bueno. Damos poca importancia a las cosas positivas que nos pasan, asumiendo que son normales o incluso que no son reales.

Si un compañero de trabajo te dice que te ve mejor, asumes que lo dice por educación, no porque realmente lo piense. Si una semana cumples tu plan de nutrición a la perfección, asumes que es lo normal, en vez de felicitarte por tu logro.

Una técnica estoica para mitigar estas emociones poco productivas es precisamente reflexionar con frecuencia sobre todo lo bueno que tenemos o que logramos, contrarrestando así nuestro sesgo negativo.

7) Adivinar el futuro

Cometemos con frecuencia el error de pensar que sabemos lo que ocurrirá. Asumimos que experiencias pasadas predicen siempre experiencias futuras, pero no es necesariamente cierto. De hecho, tu estado mental inicial puede condicionar el resultado final. Si fracasaste en tu última dieta y empiezas una nueva con pocas expectativas, seguramente fracases de nuevo. Es la famosa profecía autocumplida.

Algunos pensamientos que ejemplifican este error cognitivo: "Como fracasé con mi dieta anterior, fracasaré con todas", "No seré capaz de tolerar esta dieta. Siempre termino abandonando" o "No podré aguantar el entrenamiento. Haré el ridículo en el gimnasio".

Nuestras predicciones no siempre son correctas, y la única forma de saber lo que en realidad ocurrirá es intentándolo. No construyas expectativas negativas sobre el futuro. Aprende a ver todo como experimentos de los que obtendrás conocimiento, independientemente del resultado.

Como acabamos de ver, la mayoría tiene un sesgo negativo hacia el futuro, pero en algunas personas el problema es el contrario: asumen que todo será fácil y que tendrán resultados rápido. Cuando empiezan los problemas se frustran y abandonan. Reflexiona sobre tu tendencia natural y contrarréstala con pensamientos más ajustados a la realidad.

8) Lectura del pensamiento

Consiste en asumir que sabemos lo que otros piensan sin tener realmente pruebas. Solemos proyectar nuestros miedos sobre las acciones de los demás, ignorando las miles de posibles razones que podrían explicar su comportamiento. Un ejemplo: "Me dijo que me llamaría y no lo ha hecho, por tanto es que no le caigo bien".

O si el comentario de otra persona nos ofende asumimos que lo ha hecho para dañarnos. Salvo evidencia de lo contrario, asume que la ignorancia tiene más que ver que la mala fe.

Cuando mejoramos nuestros hábitos tememos que otros opinen que somos raros, o quedar como maleducados si no comemos las galletas caseras de un compañero de trabajo. Ten cuidado con estas creencias. No asumas que sabes lo que piensan de ti, y seguramente tienen otras cosas en sus cabezas (con frecuencia preocupaciones por lo que los demás piensan de ellos).

Además, nunca podrás controlar realmente las opiniones de los demás, y por tanto, como dirían los estoicos, son indiferentes. Más adelante profundizaremos en estrategias para evitar que este miedo sabotee tus objetivos.

9) Etiquetamiento

Hacemos una evaluación global de nosotros mismos (u otros) a partir de incidentes concretos. Me salté la dieta un día, por tanto no tengo disciplina. Cometí un error en el examen, por tanto no sirvo para estudiar. Me cuesta hacer este ejercicio de mi rutina de entrenamiento, por tanto soy torpe. He hecho algo estúpido, por tanto soy estúpido.

En estos casos debemos intentar describir simplemente lo que ocurrió, adoptando (si es necesario) medidas para reducir el riesgo de que vuelva a ocurrir.

Y por supuesto, tampoco debes cometer este error con los demás. Las personas son demasiado complejas como para intentar describirlas con una simple etiqueta. Una mala acción no convierte a nadie en malo al igual que una buena acción no lo transforma en un santo.

10) Los deberías o imperativos

Son pensamientos rígidos sobre cómo deberíamos actuar, cómo nos deberían tratar los demás o cómo el mundo debería funcionar. Algunos psicólogos califican estos pensamientos como *la tiranía de los deberías*.

En relación con nuestro propio comportamiento nos auto-imponemos con frecuencia obligaciones imaginarias: tengo que…, necesito…, debería…

Muchos sienten por ejemplo la necesidad de complacer constantemente a los demás, y en consecuencia terminan postergando sus propios intereses. Asumen que deben alcanzar todos sus objetivos para no sentirse mal, o hacerlo todo perfecto para sentirse satisfechos. Al fijarse metas irrealistas se decepcionan con frecuencia, dando lugar a emociones negativas.

Este sesgo se extiende también a los demás y a la vida en general. Muchos creen que los demás deben tratarles como ellos esperan y que tienen derecho a llevar vidas cómodas y sin problemas. El resultado es un resentimiento constante hacia los demás y una baja tolerancia a la frustración y la adversidad, lo que deriva en una mentalidad victimista.

IMPERATIVOS DIRIGIDOS A	EJEMPLOS	RESULTADO
UNO MISMO	"Tengo que perder el peso que me sobra antes del verano" "Debería ser capaz de seguir el plan a la perfección" "Debería ser capaz de rendir al 100% en el trabajo y mantener intacta mi vida social"	Culpa y remordimiento al no alcanzar nuestro ideal. Estrés innecesario
LOS DEMÁS	"Mi pareja debe apoyarme en todo si realmente me quiere" "Deberían tratarme como yo quiero" "Deberían agradecer lo que hago por ellos"	Resentimiento hacia los demás
EL MUNDO	"El mundo debería ser un lugar justo" "Debería ser fácil encontrar un trabajo que me guste"	Baja tolerancia a la frustración. Mentalidad de víctima

Presta atención cuando te surjan pensamientos imperativos como "debería..." o "necesito...". Prueba a convertir estas exigencias en preferencias. De "Necesito comer" a "Preferiría comer", de "Debería hacer" a "Me gustaría hacer". Se trata de reemplazar demandas rígidas por preferencias flexibles. Esta flexibilidad cognitiva nos permite adaptarnos a cada contexto y aumentar nuestra resiliencia ante los obstáculos que encontremos. Sin duda debemos aceptar nuestra responsabilidad e intentar mejorar, pero dándonos también cierta flexibilidad.

En relación con lo externo, entiende que el mundo es como es. Recuerda la primera regla de Epicteto: "Algunas cosas dependen de ti, otras no". No puedes controlar cómo funciona el mundo o cómo se comportan los demás. Intenta por supuesto mejorar tu entorno y contribuir a crear un mundo mejor, pero entendiendo que el objetivo de los demás y del mundo en general no es complacerte.

En resumen, relaja tus reglas autoimpuestas. Acepta tus imperfecciones y las de los demás. Trabaja en mejorar aquello que está en tu ámbito de control y pierde menos tiempo quejándote por lo que no puedes cambiar.

MEJORA TU AUTODIÁLOGO

Aprender a debatir razonadamente con tus emociones y pensamientos es una poderosa técnica para mejorar tu comportamiento, pero como todo, requiere tiempo. Cada vez que detectes un pensamiento automático, recuerda tratarlo como una mera hipótesis que puede o no ser cierta, y evalúa de manera razonada si se ajusta o no a la realidad.

Aborda este proceso con una mente curiosa. Aprovecha la *prosoche* (atención) estoica para identificar pensamientos dañinos y transformarlos en pensamientos útiles.

PENSAMIENTOS DAÑINOS	PENSAMIENTOS ÚTILES
Se basan en suposiciones no demostrables	Son contrastables
Distorsionan la realidad	Describen la realidad sin exagerar
Se expresan como necesidad o exigencia	Se expresan como deseo o preferencia
Producen emociones intensas (desproporcionadas respecto a lo ocurrido)	Producen emociones moderadas (o ajustadas a la relevancia de lo ocurrido)
Obstaculizan la resolución de nuestros problemas y el logro de nuestras metas	Facilitan la resolución de los problemas y el logro de nuestras metas

La siguiente tabla muestra algunos pensamientos dañinos poco productivos y cómo podríamos convertirlos en pensamientos más útiles, reduciendo su impacto emocional y ayudándonos a progresar.

PENSAMIENTOS DAÑINOS	PENSAMIENTOS ÚTILES
Fracasé, no sirvo para esto	No tuve los resultados esperados, seguramente porque no realicé las acciones adecuadas. Volveré a intentarlo de nuevo, cambiando el enfoque y aprendiendo de mis errores
Soy incapaz de cambiar	Todo el mundo puede cambiar, y yo también

PENSAMIENTOS DAÑINOS	PENSAMIENTOS ÚTILES
Tengo miedo de hacer algo nuevo	No sé si esto funcionará, pero voy a hacer mi mejor esfuerzo
Otras personas logran resultados con menos esfuerzo que yo	No sé en realidad cuánto esfuerzo están haciendo los demás. Aunque algunas personas tienen más ventajas que yo, otros lo tienen peor. Me centraré simplemente en hacer mi mejor esfuerzo

CLARIFICA TUS VALORES

Primero pregúntate quién quieres ser.
Después haz lo que tengas que hacer.
EPICTETO

En el punto anterior vimos cómo nuestras emociones y pensamientos automáticos distorsionan la realidad, impidiéndonos ver con claridad. El siguiente paso es reflexionar sobre lo que realmente queremos lograr, sin ser influenciados por las expectativas de la sociedad. Pero en realidad, antes de pensar en lo que quieres hacer, debes aclarar quién quieres ser.

En un mundo hiperconectado, dominado por el pensamiento grupal y el efecto rebaño, es necesario distanciarse de la masa sumisa para lograr perspectiva. Seguir el camino marcado por la sociedad es sencillo, pero estás dejando que otros determinen tu destino. Por el contrario, al pensar por ti mismo y actuar en consecuencia aumentará la resistencia de tu entorno. Las fuerzas de la conformidad intentarán que seas "normal", que no cuestiones el camino por el que te quieren llevar. En la sociedad actual, ser normal implica tener sobrepeso, comer mal, ser sedentario y leer menos de un libro al mes. Debemos aspirar a algo más que la normalidad. Debemos elegir nuestro propio camino.

En muchos viajes, seguir los caminos marcados
evita que nos perdamos. Pero muchas veces
los caminos más transitados son los más peligrosos. No
sigamos, como ovejas, al resto del rebaño,
porque nos lleva a donde el rebaño quiere,
no a donde nosotros debemos ir.
SÉNECA

Los estoicos nos animaban a valorar las cosas por ellas mismas, no por su popularidad. En vez de actuar por imitación, debemos ser guiados por la razón.

Muchos de nuestros problemas se deben a que
organizamos nuestra vida con base en convenios,
en vez de con la razón.
SÉNECA

Cuánto tiempo ahorra el que no se da
la vuelta constantemente para ver
lo que su vecino dice, hace o piensa.
MARCO AURELIO

No se trata de ir necesariamente contra los convenios, que en muchos ámbitos son correctos. Pero antes de iniciar un viaje debemos pensar a dónde queremos llegar. Y, más importante, en quién nos queremos convertir.

Los cambios de hábitos suelen fracasar porque intentamos modificar nuestros comportamientos sin modificar nuestra identidad. Esto puede funcionar a corto plazo, pero si nuestra identidad no cambia, los nuevos hábitos no durarán, porque requerirán constante fuerza de voluntad. Los verás siempre como un sacrificio, como algo que debes forzar.

¿Cuál es la solución? Cambiar tu identidad, cambiar cómo te ves. Como vimos en la sección anterior, tus creencias son parte del filtro a través del cual experimentas la realidad. Nuestros comportamientos son en parte expresiones de nuestras creencias, y si estas cambian, los comportamientos también lo harán, con mucho menos esfuerzo. El cambio profundo empieza desde dentro y se manifiesta hacia fuera, no al revés.

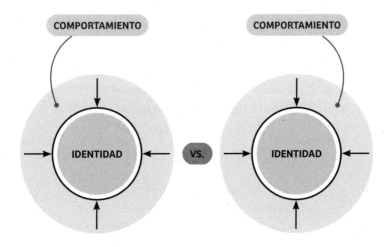

Evidentemente este cambio no ocurre de la noche a la mañana. Todas tus experiencias pasadas influyen en tus creencias más arraigadas, que definen a su vez cómo te ves y cómo respondes a tu entorno. Por ejemplo, una baja autoestima puede derivar en problemas con la comida, que se convierte en una forma de atenuar emociones negativas. Intentar simplemente controlar calorías no funcionará en estos casos, ya que el problema es más profundo. La verdadera solución está en el interior.

Una primera acción que puedes realizar para empezar a moldear tu identidad es reflexionar sobre tu filosofía de vida. El estoicismo es una especie de sistema operativo mental, que te ayudará precisamente a mejorar cómo te ves y a entender el origen de tus pensamientos. De esta manera será mucho más fácil mejorar tu comportamiento.

DETERMINA TU PROPÓSITO Y TUS VALORES

Céntrate en tu misión principal. Hay un momento y un lugar para la diversión y el ocio, pero nunca debes permitir que estos te desvíen de tu verdadero propósito.

EPICTETO

La vida de la mayoría no se guía por la elección, sino por la inercia. Lo que percibimos como pereza es con frecuencia falta de claridad. Si no sabes quién eres ni a dónde vas es fácil dejarse arrastrar.

Desde los tiempos de Aristóteles, las filosofías griegas usaban el término *telos* para referirse al fin o propósito último de algo. Indicaban por ejemplo que el *telos* de una bellota era convertirse en roble. Como vimos, el *telos* de un humano sería alcanzar la *eudaimonia*: actuar con virtud y mantener su tranquilidad mental. Extrapolando al mundo de la salud, yo lo interpreto como alcanzar una buena salud global, física y mental, desarrollando de manera equilibrada todas nuestras capacidades y acercándonos a nuestro potencial, pero sin obsesionarse por lograr cierta talla o un porcentaje específico de grasa.

El propósito no marca por tanto un destino claro, sino más bien una dirección. Y sobre todo, un compromiso firme de mejora constante.

Tampoco intentes comparar tu cuerpo con el de los demás, porque su forma final depende de multitud de factores fuera de tu control, desde tus genes hasta enfermedades de la infancia. Tu misión es simplemente darle a tu cuerpo todo lo que requiere, y él se encargará del resto. Al igual que una bellota no se convertirá en roble si no cae en terreno fértil, o no recibe agua y sol, tu salud tampoco prosperará si no creas el entorno adecuado para su florecimiento.

Y en este proceso de autodescubrimiento juega un papel importante reflexionar sobre nuestros valores.

Clarificación de valores

Cuando alguien está centrado en su vida no necesita buscar aprobación externa.
EPICTETO

La claridad nos da poder, y definir cómo queremos vivir nos ayuda a cambiar. Esta técnica forma parte de las terapias cognitivo-conductuales, y ha demostrado ser eficaz contra multitud de problemas. Crear cierto sentimiento de propósito en nuestras vidas nos ayuda a adoptar mejores hábitos y a seguir adelante ante situaciones difíciles. Ser guiados por valores internos nos hace además mucho menos influenciables ante las presiones sociales.

Al definir los valores por los que queremos vivir, podemos evaluar si nuestros comportamientos reflejan realmente nuestros valores. Si decimos que valoramos nuestra salud pero no hacemos ninguna actividad física, será evidente que no somos coherentes. Ser conscientes de esta brecha, entre nuestros valores y nuestros comportamientos, es muchas veces suficiente para motivar un cambio.

Trabajar a diario guiados por principios motivantes nos ofrecerá más satisfacción que ser zarandeados sin dirección, persiguiendo placer y huyendo de la incomodidad. Podemos soportar mucho sufrimiento, pero solo si le damos un sentido.

En el cuaderno de trabajo encontrarás algunas ideas para clarificar tus valores, pero puedes empezar reflexionando sobre cómo te gustaría realmente vivir y cómo quieres ser recordado.

Los estoicos proponían ciertos valores concretos de alto nivel (las virtudes), pero daban libertad en cómo estas podían expresarse en la vida de cada uno. Algunos ejemplos:

- **Sabiduría**. Puedes considerar el aprendizaje constante como uno de tus valores. No solo se trata de absorber conocimiento externo, sino de mejorar también el entendimiento de tu propio cuerpo.

- **Coraje**. Hacer lo correcto a pesar del miedo es sin duda un valor que merece la pena perseguir. Te hará además más consciente de cómo muchos miedos limitan tu vida, y este es el primer paso para vencerlos.
- **Justicia**. Las vidas más satisfactorias aportan algún propósito más allá de los individuales. Ayudar a los demás de alguna manera, aunque sea simplemente a través del ejemplo, enriquece nuestra vida.
- **Disciplina**. Cualquier propósito que merezca la pena requiere esfuerzo y sacrificio. Perseguir las cosas que realmente quieres implica necesariamente renunciar a otras. La libertad es por ejemplo un valor al que muchos aspiran, pero solo es posible a través de la disciplina. Si no aprendes a controlar tus impulsos serás esclavo de ellos.

Los valores están más ligados a lo que eres que a lo que obtienes. No son algo alcanzable que puedas eliminar de tu lista de pendientes, sino más bien un ideal de comportamiento.

Preocúpate menos por lo que tienes
y más por lo que eres.
Sócrates

Si la salud es un valor importante para ti, no hay un momento concreto donde puedas decir que lo has alcanzado. O lo mismo con la libertad o la creatividad. Los valores no se logran con acciones individuales, pero deberían guiar nuestro pensamiento y comportamiento.

Una vez que hemos reflexionado sobre nuestros valores, debemos marcarnos objetivos específicos, alineados con estos valores. Los objetivos representan lo que queremos lograr, los valores definen el porqué y el plan detalla el cómo. Todos estos componentes deben estar integrados. Con el porqué claro, pasemos ahora a los objetivos y el plan.

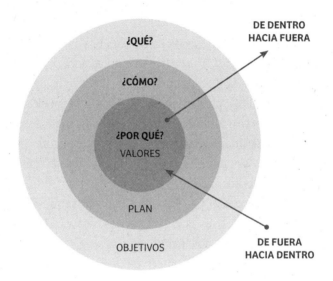

FIJA TUS OBJETIVOS

Cuando un hombre no sabe hacia dónde navega,
ningún viento le es favorable.
SÉNECA

Definir con claridad lo que quieres lograr aumenta las probabilidades de alcanzarlo. Los objetivos centran tu mente y dirigen tus acciones.

Además, la forma en la que describimos estos objetivos influye en la posibilidad de alcanzarlos. Múltiples estudios utilizan por ejemplo el llamado método SMART, según el cual los objetivos deberían cumplir los siguientes criterios:

- **Específico** (*specific* en inglés). Los objetivos específicos son más fáciles de traducir en acciones concretas. ¿Qué quieres cambiar en realidad? Estar más delgado es algo general, perder cinco kilos es algo específico. Ser más fuerte es abstracto, hacer diez dominadas es concreto.
- **Medible**. Debes definir las métricas concretas en las que se basa el objetivo, que indiquen claramente si te estás acercando o no.
- **Alcanzable**. Un buen objetivo debe ser desafiante, pero realista. Si es muy fácil no nos motiva, si es demasiado ambicioso nos intimida.
- **Relevante.** Tus objetivos deben estar motivados por cosas importantes para ti, y no por el deseo de agradar a los demás o encajar en tu grupo social.
- **Temporales**. Poner una fecha concreta a un objetivo le da fuerza, y hace que nuestro cerebro se centre.

Por último, los objetivos que te marques deben depender en gran medida de ti. Evita objetivos del tipo: "Caer bien a los demás", que solo aumentarán tu ansiedad al estar fuera de tu ámbito de control. En resumen, los buenos objetivos se centran en cosas relevantes (alineadas con tus valores) que dependen en gran medida de tus esfuerzos.

Ni obstinado ni voluble

*Resultan ansiosas y desdichadas la obstinación y
la volubilidad. Ambos extremos son enemigos de la
tranquilidad. Uno por no permitir cambiar nada
y el otro por no resistir nada.*

Séneca

Séneca veía valor en perseguir objetivos que merecieran la pena, pero advertía del peligro de caer en dos extremos, que él llamaba obstinación y volubilidad.

La obstinación con algún objetivo nos puede cegar, desarrollando una especie de visión de túnel que nos impide mantener una visión global. Los objetivos aumentan el foco, pero un foco demasiado estrecho, mantenido en el tiempo, nos puede llevar a ignorar cambios relevantes del contexto.

Corremos además el riesgo de comprometer nuestros valores en persecución del objetivo. Por eso los estoicos nos recordaban que lo único realmente bueno es actuar con virtud. Cualquier otro objetivo sería un indiferente preferido, con valor en sí mismo, pero que nunca debería separarnos de nuestros principios.

Por ejemplo, obsesionarse con el hecho de perder una cantidad arbitraria de grasa puede hacernos caer en prácticas peligrosas para la salud (y nunca faltarán vendedores de supuestos tratamientos o suplementos "mágicos"). Es mucho más importante concentrarse en desarrollar buenos hábitos, aunque no perdamos peso tan rápido, que lograr perderlo sin aprender en realidad a comer bien o a entrenar de manera efectiva. No importa tanto el objetivo como la forma en la que lo logras.

Además, a medida que aprendes y experimentas, tus preferencias cambian, y lo que antes te motivaba quizá ahora no lo haga tanto, y esto es válido. O simplemente surge una oportunidad en tu camino que antes no estaba presente y te hace replantear tus objetivos.

Esta flexibilidad es señal de buena salud mental, y te permite adaptarte a un mundo cambiante. Se trata de mantener un sentido de propósito sin miedo a explorar distintos caminos y sin autocastigarte si te desvías momentáneamente del plan previsto. Tus objetivos están a tu servicio, no al revés.

Obstinarse con los objetivos es por tanto equivocado, pero igual de malo es el extremo opuesto: la volubilidad.

> *Debemos ser flexibles, para no encariñarnos*
> *demasiado con los objetivos que nos hemos fijado y*
> *pasar a aquellos a los que nos desvíe el azar, pero no*
> *debemos dejarnos atrapar por la volubilidad,*
> *el vicio más contrario al sosiego.*
>
> Séneca

Los volubles serían aquellos que se fijan metas, pero se cansan pronto de ellas, y a las pocas semanas están persiguiendo objetivos nuevos. Estos cambios constantes hacen que nunca construyan nada relevante. Van dejando tras de sí muchos cimiento, pero nada de valor sobre ellos. Empiezan con ánimo, pero al enfrentar los primeros problemas se vienen abajo. Si te sientes identificado, sigue leyendo. Más adelante proponemos estrategias concretas para vencer esta resistencia.

En resumen, si el objetivo que persigues ya no te ofrece motivación o se presenta una oportunidad mejor, ajusta tu dirección, pero no abandones simplemente porque no es tan fácil como pensabas. Desarrollar la capacidad de actuar a pesar de la dificultad es fundamental para mejorar tu salud y tu vida en general.

Por último, no pospongas tu bienestar al momento en el que logres lo que anhelas. Celebra cada acción correcta. Recuerda que el camino es la recompensa.

DEFINE UN PLAN

El progreso no ocurre por accidente,
sino trabajando en ti a diario.
Epicteto

Los objetivos sin un plan no son más que deseos. Con los objetivos claros, debes definir las acciones concretas que te ayudarán a alcanzarlos.

Dicho esto, no cometas el error de esperar el plan perfecto. No necesitas ver la cima de la montaña para dar el primer paso. El problema de los planes es que debemos hacerlos al comienzo, justo cuando menos información tenemos. Por este motivo los planes son en realidad organismos vivos, que deberás ir actualizando según tus resultados y el nuevo conocimiento acumulado. La planificación es por tanto un proceso, no un evento.

Tampoco intentes reinventar la rueda. Si quieres aprender a comer y entrenar, déjate asesorar por un profesional, o sigue alguno de mis programas (disponibles en <fitnessrevoluciona-rio.com/programas>).

Recuerda además que los planes son guías, no reglas inviolables. No asumas que debes seguir el plan a la perfección. Evita el error cognitivo anterior de "Todo o nada". Haz tu mejor esfuerzo y aprende constantemente. Deberás además adaptar el plan a tu realidad. Un plan mediocre que puedas seguir te funcionará mejor que un plan perfecto imposible de cumplir.

Al final, un plan no es más que una serie de acciones a realizar. Algunas de estas acciones se deben hacer solo una vez, y otras necesitan ser repetidas en el tiempo.

Todo el mundo puede obligarse a hacer algo de vez en cuando, pero requieres una mentalidad distinta para repetir una acción a diario. Si quieres perder peso, te servirá de poco comer bien una vez. Si quieres ganar masa muscular, no lo lograrás haciendo un par de entrenamientos al mes. Por ese motivo debemos convertir este tipo de acciones en hábitos.

DE ACCIONES A HÁBITOS

No pospongamos nada,
combatamos la vida a diario.
SÉNECA

Para llevar una buena vida debes ser consistente,
incluso cuando no es conveniente, cómodo o fácil.
EPICTETO

Ponerse objetivos y trazar un plan es importante, pero no es suficiente. Los resultados son siempre fruto de un proceso, no de acciones aisladas. El efecto de pequeñas acciones repetidas a diario se potencia con el tiempo.

Por este motivo los estoicos ponían más énfasis en el camino que en el destino. No hay línea de meta en el proceso de mejora. Si quieres perder peso, es mucho más efectivo centrarse en comer bien y hacer ejercicio que pesarse a diario. Obsesionarse por el resultado no te ayudará a lograrlo.

Debemos centrarnos en la acción que tenemos delante, lo que realmente podemos modificar ahora mismo: la próxima comida, el próximo entrenamiento, la hora a la que nos acostamos esta noche.

¿Por qué la mayoría de las personas que pierden peso lo recuperan? Porque una vez que logran su objetivo, o se dan por vencidos, regresan a sus hábitos antiguos, y con ellos regresan también los kilos perdidos.

Los estoicos sabían que nuestros comportamientos se hacen más fuertes con la repetición, tanto si son positivos como negativos. Lo que repetimos se refuerza. Si resistimos una vez, es más probable que resistamos la siguiente. Si cedemos una vez, es más probable que cedamos la siguiente.

Si no quieres ser malhumorado, no alimentes el hábito. No le des nada que promueva su crecimiento. Mantén silencio y cuenta los días en los que no te has dejado enfadar. "Solía enfadarme cada día, después cada dos días, después cada tres o cuatro días." Los malos hábitos son primero debilitados y después destruidos.

Epicteto

Un esfuerzo moderado repetido en el tiempo te dará mejores resultados que esfuerzos titánicos que se agotan rápido. Cada vez que repites la acción correcta estás invirtiendo en buenos hábitos, y el beneficio se acumulará poco a poco.

Si hacemos un símil financiero, no todos los hábitos tienen el mismo retorno. Algunos hábitos te devuelven un interés del 1% y otros del 10%. Incluso diferencias pequeñas generan con el tiempo resultados muy distintos. La siguiente gráfica representa por ejemplo la diferencia a largo plazo entre un 8% y un 10%, partiendo del mismo capital (o situación) inicial y realizando las mismas aportaciones diarias (de dinero o esfuerzo).

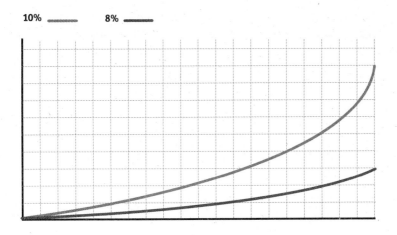

Los hábitos que aportan mayor retorno dependen de la situación de cada uno, pero los hábitos que nos ayudan a mejorar la salud y mentalidad son probablemente las mejores inversiones, al tener transferencia positiva a casi todos los ámbitos de nuestra vida.

EVALÚA EL PROGRESO

Imagina que le digo a un atleta:
"Muéstrame tus hombros", y él me responde:
"Mira los pesos con los que entreno".
"Olvídate de los pesos", le contestaría,
"lo que quiero ver es el progreso
de entrenar con esos pesos".

EPICTETO

Las cosas que medimos son las que mejoramos. Necesitamos métricas concretas para saber si nos movemos en la dirección correcta. Al medir nuestros resultados sabemos si nuestras acciones están funcionando y podemos ajustarlas en caso contrario.

Si quieres mejorar tu cuerpo, debes medir cada cierto tiempo tu porcentaje de grasa y los kilos que levantas. ¿Has perdido grasa? ¿Eres más fuerte que hace unas semanas? Conocer las respuestas a estas preguntas no solo te ayuda a revisar tu plan, también te aporta motivación. Ver tu progreso fortalece tu compromiso.

En cualquier caso, recuerda que no debes solo medir el resultado, también el proceso. Evalúa cada día si has seguido la dieta, si has hecho el entrenamiento que tocaba, si has descansado suficiente... Necesitas métricas para saber si estás dedicando tiempo a las cosas que realmente te importan.

ACEPTA LA INCERTIDUMBRE

Adquiere el hábito de cuestionar cada percepción
y preguntarte si es algo que está bajo tu control.
Si no lo está, responde simplemente
que no te va a preocupar.

EPICTETO

El objetivo principal de esta primera sección es ayudarte a ver la realidad con claridad, pero nunca lograrás absoluta certeza. Siempre habrá cosas fuera de tu control, y no lograrás tranquilidad hasta que abraces la incertidumbre.

La necesidad de control es una de las causas principales de ansiedad. Definir hacia dónde vas alivia en parte esta ansiedad, pero el futuro es siempre incierto. Debes aprender a tolerar cierto nivel de incertidumbre y a tomar decisiones razonablemente buenas con información imperfecta. Si esperas a tener toda la información para tomar una decisión, nunca pasarás a la acción. Exigir certeza es la receta perfecta para la ansiedad y la parálisis. Puedes avanzar sin tener todas las respuestas.

Todo lo bueno requiere dar un paso hacia lo desconocido. Si necesitas certeza no probarás cosas nuevas, y sin experimentar no progresarás. Cualquier cambio implica incertidumbre, y cuanta más certeza quieras menos opciones te quedan. Para crear algo nuevo debemos estar dispuestos a soltar lo viejo. Lo que logramos en la vida es por tanto proporcional a la cantidad de incertidumbre que podemos tolerar.

¿Cómo podemos mejorar nuestra tolerancia a la incertidumbre?

Para empezar, transforma el miedo en curiosidad. ¿Te gustaría ver una película de la que conoces el final? Seguramente no. Pues lo mismo con tu vida. La certeza es aburrida.

Interpreta tus acciones como experimentos, que deberás ir ajustando en función de los resultados. Este proceso te enseñará a calibrar los riesgos y a lidiar con contratiempos. A largo plazo, tendrás mejores resultados que si intentas simplemente evitar cualquier posible riesgo.

Cuando la incertidumbre te paralice, trae tu atención al presente, a lo que puedes realmente cambiar en el momento actual. La acción aumentará tu sensación de control, y es precisamente lo que veremos en la siguiente sección.

Por último, confía en tus capacidades de lidiar con los desafíos que sin duda llegarán. Marco Aurelio afirmaba que no debíamos temer el futuro. Primero, porque nada externo es realmente malo. Y segundo, porque cuando llegue ese futuro, lo afrontaremos con las mismas herramientas que nos están ayudando en el presente. Cuanto más trabajes tu mente, más confianza tendrás a la hora de enfrentar la incertidumbre diaria. Recuerda que el cambio es la única constante. No trates de evitarlo, abrázalo.

3
ACTÚA CON DETERMINACIÓN

No pierdas el tiempo debatiendo
cómo debería ser un hombre bueno.
Sé uno.
Marco Aurelio

La filosofía nos enseña a actuar, no a hablar.
Exige de cada persona que viva según sus estándares
y que su vida esté en armonía con sus palabras.
Séneca

Armado con una visión clara, es el momento de ponerla en práctica y pasar de la intención a la acción. En esta sección adquirirás herramientas para organizarte mejor y superar la procrastinación.

Para Epicteto, la principal señal de progreso era que nuestra filosofía consistía cada vez más en acciones y menos en palabras. Lo importante no es nuestra habilidad de recitar principios estoicos, sino de vivirlos.

Hay una gran diferencia entre
decir cosas de valor y hacer cosas de valor.
EPICTETO

Tu cuerpo no mejorará por leer libros sobre entrenamiento o nutrición, sino por poner sus principios en práctica.

CREA EL TIEMPO

Recuerda cuánto tiempo llevas postergando esto.
Tu tiempo es limitado. Si no lo usas para liberarte,
se habrá ido, y nunca regresará.
MARCO AURELIO

No es que tengamos poco tiempo,
sino que desperdiciamos mucho.
La vida, si sabes usarla, es larga.
SÉNECA

El tiempo es la materia prima de la vida, un recurso no renovable que se agota igual de rápido independientemente del uso que de él hagamos.

Aquellos que han logrado cosas asombrosas lo han hecho con las mismas 24 horas. No podemos añadir más horas al día, pero podemos ser más selectivos con las cosas a las que dedicamos las horas que tenemos.

Una vez estimado el tiempo diario que necesitarás para tu proceso de cambio, debes crearlo. Decidir hacer nuevas cosas implica casi siempre dejar de hacer otras. Por suerte, la mayoría de las cosas que hacemos no son necesarias. Al eliminar lo superfluo, nos quedamos con lo esencial. El objetivo final no es hacer más, sino hacer lo importante.

Para los estoicos, el tiempo era nuestro bien más preciado, y se sorprendían de la facilidad con la que lo malgastamos. Observaban que hacemos grandes esfuerzos para no perder dinero, pero derrochamos el tiempo sin miramientos.

> *Las personas son cuidadosas*
> *con su propiedad personal, y sin embargo*
> *derrochan su tiempo con facilidad,*
> *precisamente con lo que deberían*
> *ser más avariciosos.*
>
> SÉNECA

El dinero perdido se puede recuperar, pero el tiempo malgastado se va para siempre. Debemos ser despiadados a la hora de proteger nuestro activo más preciado.

Séneca ofrecía distintos ejercicios mentales para hacernos más conscientes del precio de nuestro tiempo. Nos proponía imaginar por ejemplo lo que estaríamos dispuestos a pagar por él si supiéramos que nos queda poco.

Nadie valora el tiempo, y lo gastamos de manera extravagante. Pero piensa en la reacción de esas mismas personas cuando el médico les dice que su muerte está cerca. Estarían dispuestos a dar todo lo que tienen por vivir un poco más.
SÉNECA

Es difícil gestionar lo que no se mide, y el propio Séneca proponía llevar un registro de cómo usamos nuestro tiempo.

No puedo presumir de no desperdiciar nada, pero al menos sé cuánto desperdicio y en qué.
SÉNECA

En la sección anterior (**Visualiza con claridad**) definiste las cosas que verdaderamente te importan. Debes ahora revisar cómo pasas tu tiempo y comprobar si realmente dedicas suficiente a las cosas que valoras.

El simple hecho de reflexionar sobre el valor del tiempo nos hará cuidarlo más y evitaremos desperdiciarlo en actividades triviales. Recuerda que todo lo que haces tiene un precio y lo estás pagado con tu tiempo.

Pensamos que solo compramos cosas que pagamos
con dinero, mientras que consideramos gratis
las cosas que pagamos con nuestro tiempo.
SÉNECA

Por otro lado, el enfoque de gestión de tiempo estoico dista mucho del énfasis actual por aumentar la productividad. No se trata de añadir más cosas a nuestra agenda, sino de hacer las importantes. El objetivo de la vida no es responder a todos los *mails* ni tachar todos los pendientes de una lista. No debemos mercantilizar nuestro tiempo, sino usarlo para avanzar en aquello que nos importa, en aquello que nos acerca a esa versión de nosotros mismos que deseamos ser.

Mientras que una persona disfruta mejorar
su granja y otra su caballo, yo disfruto
mejorarme a mí mismo a diario.
EPICTETO

¿NO TIENES TIEMPO?

Lo único que nos pertenece es nuestro tiempo.
SÉNECA

La falta de tiempo es una de las excusas más repetidas entre los que intentan sin éxito mejorar su cuerpo. Pensamientos del tipo "no tengo tiempo" podrían considerarse una de las *phantasias* contra las que nos alertaban los estoicos: impresiones iniciales no examinadas. En vez de asumir que es un hecho real, debemos explorar esta impresión y ver si hay otra posible interpretación. Aceptar el "no tengo tiempo" puede fomentar una mentalidad victimista. En la mayoría de los casos, cuando alguien afirma que no tiene tiempo está en realidad dando prioridad a otras cosas, quizá menos alineadas con sus valores. Antes de concluir que no tienes tiempo audita tu día a día de manera objetiva. ¿Cuántas horas pasas a la semana en redes sociales? ¿Cuántas horas viendo la televisión? ¿Cuántas horas en eventos sociales? Este cambio de perspectiva te hace pasar de víctima a protagonista.

Aplica la dicotomía de control a todo lo que haces cada día. Evalúa qué cosas no puedes cambiar (o al menos no a corto plazo), como la necesidad de trabajar ocho horas diarias o estudiar para la universidad. Analiza cómo pasas las horas restantes y qué cosas podrías limitar o eliminar. Piensa cómo puedes aprovechar espacios "muertos" para aprender, por ejemplo escuchando *podcasts* de camino a la oficina o mientras viajas. Caminar más y usar las escaleras te permitirá también introducir más actividad física en tu vida sin requerir más tiempo. Comer bien tampoco requiere mucho más tiempo que comer mal.

Piensa también qué tipo de ocio haces el fin de semana. ¿Te acerca a tus objetivos o te aleja de ellos? Si no estás dispuesto a cambiar tu tipo de ocio para alinearlo con tus valores estás dando más prioridad a eso que a mejorar tu salud. En ese caso, reconoce que el problema no es la falta de tiempo, sino de compromiso. Eso no implica que sea malo, pero entiende que es una decisión que estás tomando.

Nos quejamos de que nuestros días son pocos,
pero actuamos como si fueran infinitos.

SÉNECA

Analiza si hay cosas que puedes delegar. Si contratar a alguien para ayudarte a limpiar tu casa te permite liberar unas horas a la semana, hazlo, y dedica esas horas a mejorar tu salud. Te aseguro que no hay mejor inversión.

Por otro lado, si te sientes constantemente abrumado, es posible que tu problema no sea tanto falta de tiempo como exceso de objetivos. En este caso necesitas foco.

FOCO Y ATENCIÓN

Quien pretende llegar a un sitio determinado
debe emprender un solo camino y no tantear
muchos a un tiempo, pues esto último
no es caminar, sino vagar.

SÉNECA

El enfoque actual de productividad está casi siempre basado en intentar hacer más y llenar cada espacio de nuestras agendas con nuevas tareas.

El problema de este enfoque es que asigna la misma importancia a todas las tareas diarias. Nos hace sentir satisfacción cuando completamos cualquier acción, independientemente de su valor.

Al dividir tu esfuerzo entre tantos pendientes perderás efectividad. Es importante en este caso aplicar el principio de Pareto y dedicar el grueso de tu tiempo a las actividades de mayor impacto.

El problema, de nuevo, no es la falta de tiempo, sino de prioridades. Si gastas mucho tiempo en actividades de bajo retorno, te quedará poco tiempo y energía para las actividades de alto impacto.

Si te sientes abrumado y no estás logrando buenos resultados, revisa los objetivos que te has marcado. Si tienes muchos distintos, priorízalos. Céntrate en los dos o tres más importantes e ignora el resto de momento. Como dice el refrán: "Quien persigue dos conejos no caza ninguno". Es mejor hacer pocas cosas importantes bien que muchas cosas triviales regular.

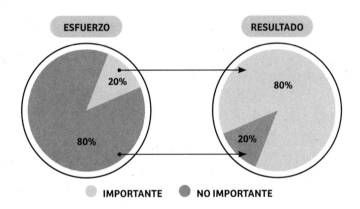

Otra causa frecuente de estrés es la fragmentación de nuestra atención, al ser víctimas de la distracción. Sabemos lo que debemos hacer, pero nos distraemos constantemente con actividades de bajo valor. Protegemos lo que valoramos, y la mayoría no valora su atención.

Debes entender que tu atención tiene gran valor, por eso multitud de empresas compiten por ella. Debes preguntarte cuánto de ese valor capturas tú y cuánto entregas gratuitamente a negocios como Netflix o Instagram. Tu atención es limitada, y si la repartes entre cientos de cosas irrelevantes te quedará poca para lo realmente importante. La atención dirigida es la base de una acción efectiva. Al dividirla, debilitas tu capacidad de acción.

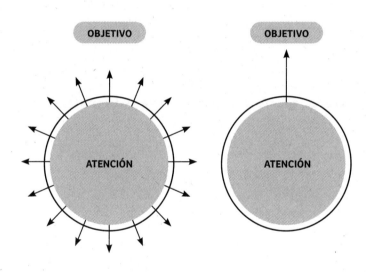

Te conviertes en eso a lo que le prestas atención.
Si no eliges tus pensamientos,
otros los elegirán por ti.
Epicteto

Epicteto hacía con frecuencia la siguiente pregunta a sus alumnos: "¿Qué cosa hacemos mejor por no prestar atención?". Por supuesto, es una pregunta retórica, y la respuesta es evidente: ninguna. La atención potencia la acción, la falta de atención la degrada. Para hacer bien las pocas cosas que de verdad importan debemos prestarles toda nuestra atención.

En cada momento mantén la atención en la tarea que tienes entre manos. Realiza cada tarea como si fuera la última, evitando la distracción, el drama, la vanidad y la queja por tu situación.
Marco Aurelio

El concepto de *prosoche*, tan relevante a la hora de examinar nuestras emociones y determinar la respuesta adecuada, es igual de importante a la hora de actuar. Debemos concentrar nuestra atención en aquello que está bajo nuestro control, que por definición es la acción presente.

Aprovecha cada hora. Céntrate en la acción presente y no dependas tanto del mañana.
Séneca

Esto implica obviamente reducir muchas cosas superfluas de tu vida, empezando por las distracciones vacías.

ELIMINA DISTRACCIONES

*La mayoría de lo que hacemos y decimos
no es esencial. Si lo puedes eliminar,
ganarás tiempo y tranquilidad. Pregúntate
en todo momento, ¿es esto necesario?*
Marco Aurelio

*Lo innecesario, aunque cueste
un sólo céntimo, es caro.*
Séneca

El proceso de mejorar tu vida y tu cuerpo requiere tiempo. Decidir lo que debes eliminar es tan importante como decidir lo que quieres perseguir. Cada vez que dices "Sí" a una cosa estás diciendo "No" a otra. Sé cuidadoso con las actividades a las que dedicas tu tiempo. ¿Estás dedicando suficiente tiempo a mejorar?

En la mayoría de los casos no necesitas más horas, sino menos distracciones. Todos estamos limitados en tiempo, energía y atención. Elegir una acción implica renunciar a otra. Como decía Epicteto: "Si quieres mejorar, debes estar dispuesto a parecer ignorante sobre muchas cosas comunes". Si quieres lograr algo de valor con tu vida, no podrás estar al tanto de todas las noticias ni modas pasajeras.

Muchos afirman no tener tiempo para entrenar o cocinar, pero suben varias fotos al día a Instagram o pasan horas cada día viendo la televisión. Una vez más, el problema no es el tiempo, sino las prioridades.

161

No des a las cosas pequeñas más tiempo del que merecen.
MARCO AURELIO

Multitud de empresas invierten millones en investigar cómo atraer tu atención y manipular tu comportamiento. Resístete. Protege primero tu atención, y apúntala después en la dirección adecuada: tus objetivos.

Como decía Marco Aurelio: "La atención que dedicas a cualquier acción debe corresponder con su valor". No esperes lograr buenos resultados si dedicas mucho tiempo a cosas sin valor.

Incluso las acciones más pequeñas
deben ir alineadas con un fin.
MARCO AURELIO

Marco Aurelio no tenía que enfrentarse a la atracción de las redes sociales ni era bombardeado con videos virales, pero las demandas sobre su tiempo superaban las de la mayoría de nosotros. Mientras las masas eran distraídas por gladiadores, circos y otros divertimentos de la época, él se esforzaba cada día por mantener estas distracciones a un mínimo, concentrando su atención en su tarea. Y lo mismo debes hacer tú.

Las distracciones que ofrece la tecnología son adictivas. Nos producen placer inmediato, pero una sensación general de insatisfacción a largo plazo. Nadie en su lecho de muerte desearía haber pasado más tiempo viendo la televisión. Desearás haber logrado algo de lo que te sientas orgulloso, y haber dedicado más tiempo a las cosas que realmente valoras.

Como veremos, esto no implica estar constantemente atareado. La distracción planificada, como forma de descanso y relajación no solo es válida, es necesaria. El problema viene cuando estas distracciones acaparan una parte importante de tu jornada y desplazan las actividades que realmente te acercan a tus objetivos.

APRENDE A DECIR "NO"

Además de limitar las distracciones del entorno, debemos protegernos de las demandas de otros. Limita compromisos y rechaza solicitudes poco razonables. No cedas con facilidad tu tiempo ni tu atención. Es difícil decir "No", ya que no queremos quedar mal con los demás. Pero piensa que cada vez que dices "Sí" a otros te estás diciendo "No" a ti mismo. ¿Qué prioridades estás atendiendo? ¿Las tuyas o las de los demás?

Aunque cada demanda sobre tu tiempo parezca insignificante, todas sumadas representan una cantidad de tiempo importante. Las promesas que haces se acumulan como las deudas. Cuando te toca hacer algo a lo que te comprometiste te das cuenta de su verdadero precio. Mejor pagar el precio presente de decir "No" que el precio futuro de decir "Sí".

Cuántos han robado parte de tu vida cuando no eras consciente de lo que perdías. Cuánto has desperdiciado en preocupaciones infundadas, deseos avariciosos y diversiones sociales. Y qué poco de tu tiempo te quedó para ti.
SÉNECA

Esto no implica por supuesto que no ayudes a los demás, pero no te pongas a ti mismo al final de la cola ni permitas que otros decidan qué hacer con tu tiempo. Además, si no estás bien contigo mismo serás de poca ayuda para el resto.

VENCE LA PROCRASTINACIÓN

Podrías actuar bien hoy,
pero eliges mañana.
MARCO AURELIO

La postergación es el mayor derroche de vida:
se lleva los días según llegan, y nos niega el presente
al prometernos el futuro. El principal obstáculo
para la vida es la expectativa, que nos atrae
con el mañana y nos hace perder el hoy.
SÉNECA

¿Qué tienen en común las cosas importantes que postergas? Que no te apetece hacerlas. El simple hecho de pensar en ellas te hace sentir incómodo, ansioso, abrumado. Para evitar esta sensación pospones la acción y te refugias en actividades de bajo valor, o te dejas atrapar por la distracción.

Paradójicamente, la mejor estrategia para calmar ese dolor no es huir de él, sino enfrentarlo. Al pasar del modo reflexión al modo ejecución desaparece el dolor de la anticipación. Enfrentar el problema se convierte en su solución.

Es por tanto fundamental desarrollar estrategias para vencer esta resistencia, para pasar de la reflexión a la acción. Y es lo que veremos en esta sección.

Hay muchos motivos por los que postergamos, y los iremos atacando por separado. A veces, lo que interpretamos como resistencia es en realidad falta de claridad. Otras veces tenemos claro nuestro plan, pero el desafío parece tan grande que nos paraliza. En muchos casos, el miedo al fracaso nos impide dar el primer paso. Y con frecuencia, lo que nos detiene es simplemente la pereza. Para todos estos obstáculos, y otros muchos, encontrarás solución enseguida.

RECUERDA TU PROPÓSITO Y CLARIFICA TU PLAN

En esas mañanas cuando te cueste levantarte de la cama, piensa que te estás levantando para hacer el trabajo de un ser humano. ¿Por qué estar molesto si vas a hacer lo que debes hacer? ¿O acaso fuiste hecho para calentarte bajo las sábanas?

MARCO AURELIO

Los estoicos no eran inmunes a la pereza. Al propio Marco Aurelio le costaba levantarse por las mañanas, y en su caso podría perfectamente haber cedido a sus deseos. Recordemos que era el emperador de Roma, el hombre más poderoso del momento. Podría haber delegado sus tareas y seguir durmiendo, pero sabía que no era lo correcto. Tenía una misión que cumplir.

En nuestro caso, quizá no gobernamos imperios, pero somos los emperadores de nuestras vidas, y tenemos también una misión que llevar a cabo.

En esos momentos donde sientes que la pereza se apodera de ti, recuerda tus valores y lo que quieres lograr en tu vida.

Visualiza lo orgulloso que te sentirás de haberte esforzado por algo que merece la pena, de vivir según tus valores, de ser un ejemplo para los demás.

> *Que todos tus esfuerzos vayan dirigidos hacia algo,*
> *mantén tu mirada en el destino.*
> Séneca

Además de visualizar tu objetivo final, debes revisar tu plan. Si tu mente no tiene claro el siguiente paso, dudará a la hora de darlo. ¿Es tu plan de acción suficientemente concreto? Si no lo es, trabaja en ello. Necesitas saber con claridad lo que debes hacer cada día. Si tienes dudas, busca un especialista. Déjate asesorar por alguien que haya logrado lo que tú quieres hacer.

EMPIEZA PEQUEÑO

> *Comenzar es la mitad del trabajo.*
> *Comienza después con la mitad restante*
> *y habrás terminado.*
> Marco Aurelio

Recordar tu propósito te ayudará a superar la pereza, pero en algunos casos puede suponer un problema. Al comparar tu versión ideal con tu yo actual, la brecha puede ser tan grande que te abrumas al pensar en la dificultad o el tiempo que requerirás, y en vez de animarte te paralizas. La solución es simple: pasa de lo macro a lo micro. Ten en mente el destino, pero céntrate únicamente en el siguiente paso, y hazlo tan pequeño como sea necesario.

Cuanto más alto pongas el listón menos probable será que lo saltes. De hecho, más probable será que ni siquiera lo intentes. Bajar el listón facilitará la acción. Simplificar te ayudará a centrarte en lo esencial. Cuantas más cosas innecesarias tengas en tu vida más espacio mental ocuparán.

Si quieres tranquilidad,
haz menos, haz lo esencial.
MARCO AURELIO

Por ejemplo, en vez de comprometerte a entrenar una hora, piensa en hacer solo cinco minutos de ejercicio. En vez de cambiar toda tu dieta, piensa solo en mejorar el desayuno.

Además, una vez que empieces te darás cuenta de que no era tan malo como parecía. Muchas veces, en vez de entrenar durante cinco minutos lo harás por diez o quince. O una vez que mejores tu desayuno y notes el cambio, el cuerpo te pedirá comer mejor el resto del día.

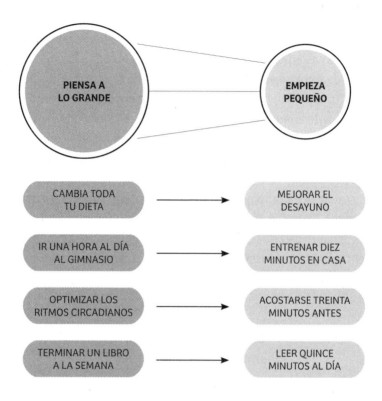

Es la primera ley de Newton aplicada al comportamiento humano: los objetos en reposo tienden a permanecer en reposo, pero si creas un poco de inercia inicial el movimiento se mantendrá con más facilidad. Además, el movimiento aumenta la motivación, y al iniciar una actividad sentimos cierta necesidad de completarla.

Puedes usar también esta estrategia cuando no tienes suficiente conocimiento para elaborar un buen plan. Debemos enfrentar los problemas para conocer su verdadero tamaño. A través de la acción convertimos problemas abstractos en desafíos concretos.

Pregúntate cuál es la acción más pequeña que te moverá en la dirección correcta, y empieza ahí. Con cada acción ganarás algo de claridad, y el nuevo conocimiento mejorará la calidad de tu futuro plan. Piensa a lo grande, pero empieza pequeño.

REDUCE TUS ESTÁNDARES

Para hacer cualquier cosa bien debes tener la humildad para tropezar, para seguir tu intuición, para perderte, para parecer torpe. Ten el coraje de empezar algo y hacerlo mal. Las vidas insignificantes se caracterizan por el miedo de no verse capaces de intentar algo nuevo.

EPICTETO

El perfeccionismo es otra forma de procrastinación, una equivocada estrategia de autodefensa. Si no podemos lograr la perfección, para qué intentarlo.

Para evitar que el miedo a la imperfección te paralice, reduce tus estándares. Debes estar dispuesto a hacer las cosas mal antes de poder hacerlas bien. Todo es difícil antes de ser fácil.

Intenta simplemente moverte en la dirección adecuada, sabiendo que tropezarás y te perderás de vez en cuando. No se trata de ser perfecto, sino de ser mejor que tu versión anterior.

Muchos tienen miedo al gimnasio por pensar que son torpes o poco coordinados. Les da vergüenza hacer los ejercicios mal delante de los demás, y en consecuencia no hacen nada.

No compares tu situación actual con la de alguien que lleva años entrenando. Todo el mundo está perdido al principio; acepta tus errores como parte del camino.

Ve el mundo a través de los ojos de un principiante.
Saber que no sabes y admitir que no sabes,
sin necesidad de disculparte, te da fuerza y te prepara
para avanzar en cualquier ámbito.
Epicteto

Un efecto derivado de este perfeccionismo mal entendido es pensar que debemos tener toda la información antes de actuar. Aprender es importante, pero más importante es hacer algo con eso que vas aprendiendo.

Al profundizar en cualquier campo encontrarás multitud de opiniones y detalles. Multitud de opciones y estrategias de abordaje. El resultado es muchas veces parálisis por análisis. Si esperas a tener toda la información, nunca empezarás.

No esperes a tener un plan perfecto para dar el primer paso. Empieza, si es necesario, con un plan mediocre e incompleto. Lo irás mejorando según tus resultados y la nueva información que vayas obteniendo.

Planes mediocres seguidos de acciones mediocres darán mejores resultados que planes perfectos que se quedan en tu cabeza.

ACTÚA A PESAR DE LA EMOCIÓN

Es muy simple en realidad:
si dices que vas a hacer algo, hazlo.

EPICTETO

¿Naciste entonces para sentirte bien en vez de para
hacer y experimentar? ¿No ves cómo las plantas,
los pájaros, las hormigas y las abejas hacen su labor
sin protestar, lo mejor que pueden? ¿No estás dispuesto
a hacer tu trabajo como ser humano?

MARCO AURELIO

En la sección anterior (**Visualiza con claridad**) exploramos distintas emociones y aprendimos a regularlas, pero nunca podremos controlar completamente nuestro estado emocional. Por este motivo, es vital entender que emociones y acciones son cosas separadas, y no tienen por qué estar siempre alineadas.

Por ejemplo, buena parte de la psicología positiva intenta aumentar nuestra motivación para hacer cosas, basándose en la idea de que la acción requiere motivación, de que sin un "sentimiento" específico no podemos actuar. Es mentira. Puedes hacer lo correcto independientemente de tus sentimientos.

Por supuesto es más fácil hacer algo cuando estás animado, pero debes aprender a separar ambos: una cosa es la emoción y otra la acción. Y son tus acciones las que te definen, no tus emociones.

Cuando hablamos antes sobre cómo dominar nuestras emociones vimos que podemos aprender a experimentarlas sin reaccionar. De la misma manera, podemos aprender a actuar a pesar de no sentir ganas.

¿Es tu propósito en la vida estar cómodo
y no esforzarte por nada? ¿Naciste para
hacer solo las cosas fáciles?
MARCO AURELIO

No esperes a que te apetezca hacer lo correcto. No postergues las soluciones a tus problemas. Por supuesto que la motivación facilita la acción, pero no puedes depender de su caprichosa aparición. Debes aprender a hacer lo correcto, con ganas o sin ellas.

Nos bombardean con mensajes animándonos a decir lo que pensamos y a actuar según cómo nos sentimos. Muchas veces, es un error. La autenticidad está sobrevalorada. ¿Preferirías estar en manos de un cirujano auténtico o uno profesional? ¿Uno que opere bien cuando le apetece o uno que opere bien siempre? Es mejor ser profesional que ser auténtico. Un profesional es alguien que dice y hace lo correcto independientemente de sus sentimientos. Recuerda que tus emociones mienten con frecuencia.

Cuando se trata de mejorar tu cuerpo, no intentes ser auténtico, sé profesional. ¿No tienes ganas de entrenar? Entrena sin ganas. ¿No estás motivado para preparar una buena comida? Prepárala sin motivación. Muchos son profesionales en su trabajo, pero no aplican la misma estrategia con su cuerpo.

Ser profesional implica actuar como lo haría tu mejor versión.

Recuerda que tus emociones son pasajeras, pero tus acciones perduran. Cuando vemos hazañas que nos inspiran no nos preguntamos si sus autores estaban motivados o no, si actuaron con ganas o no, simplemente vemos el resultado. Además, es muchas veces la acción la que produce la motivación, y no al revés. Al actuar logras resultados, y esos resultados te motivan a continuar. La acción se convierte en la causa de la motivación, en vez de su consecuencia. Por ejemplo, al empezar a entrenar, tu cuerpo entra en calor y la resistencia se reduce. Actuando sobre nuestra fisiología cambiamos nuestra psicología. Activando el cuerpo modificamos nuestros sentimientos y nuestros pensamientos. La acción resta energía a las emociones negativas, que se reducen rápidamente cuando estás inmerso en algo que merece la pena.

Esta capacidad de separar las emociones del comportamiento es muy poderosa, y es aplicable a otros muchos aspectos. Por ejemplo, es con frecuencia el miedo el que nos paraliza, y no la desidia. En este caso, no esperes a que desaparezca el miedo, simplemente actúa a pesar del miedo. Y una vez más, la propia acción reduce el temor. Aprendes que lo que tanto temías no es en realidad tan malo como parecía. O si realmente lo era, te fortaleces igualmente al enfrentarlo.

No solo te das cuenta de que no es tan horrible como imaginabas, sino que tu opinión sobre ti cambia. Lo que repites se refuerza. Cada vez que vences tu resistencia mejoras tu autoconfianza y tu autoestima. Cada vez que pasas de un estado de anticipación a uno de acción aumentas la probabilidad de volver a lograrlo, y la incomodidad anticipatoria será cada vez menor.

Por el contrario, si cada vez que sientes incomodidad o resistencia te paralizas, esta será la respuesta que potencias.

De la misma manera, no esperes sentirte completamente preparado antes de actuar. Ese momento nunca llegará. Por supuesto debes prepararte todo lo posible, pero la preparación absoluta no existe. No necesitas pasar seis meses leyendo sobre nutrición y programación del entrenamiento para empezar a comer bien o entrenar. Continúa aprendiendo, desde luego, pero vete poniendo en práctica lo que aprendes, incluso si no te sientes preparado.

En resumen, no esperes tener el estado mental ideal para actuar. A pesar de la pereza o el miedo, haz lo correcto. Son tus acciones las que cambiarán tu vida, no tus pensamientos ni emociones. Actúa si es necesario con pereza, con miedo o con duda, pero actúa.

PLANIFICA LA ACCIÓN

Piensa en todas las veces que te has dicho:
"Lo haré mañana". Tu tiempo es limitado,
usa cada momento sabiamente.
MARCO AURELIO

Cuanto más visible hagas la acción que quieres ejecutar, más probable es que la lleves a cabo. Por ejemplo, si programas en tu agenda "7 p. m., ir al gimnasio", irás muchas más veces que si dependes de que tu mente se acuerde.

En este sentido, una herramienta psicológica muy poderosa es la llamada "Intención de implementación". Consiste básicamente en planificar nuestra respuesta ante una situación concreta: "Si se da la situación X, ejecutaré la respuesta Y". Algunos ejemplos:

- "En cuanto suene el despertador, me levantaré de la cama".
- "Cuando me pongan el pan en el restaurante, les pediré que se lo lleven".
- "Cuando termine de cenar, caminaré durante treinta minutos".
- "A las once de la noche, apagaré todos los dispositivos digitales y me iré a dormir".

Dada su sencillez podrías estar tentado de ignorar esta técnica, pero decenas de estudios demuestran su potencial para alterar nuestro comportamiento. Aunque no seas consciente, en nuestra mente se libra una batalla constante entre opciones diferentes: "¿Después de cenar salgo a caminar o veo una serie de Netflix?". El simple hecho de *programar* una respuesta automática hace que esa opción resalte en tu cerebro, y aumenta la probabilidad de ser *seleccionada*.

INCORPORA RECOMPENSAS

No debemos mantener la mente en constante
tensión, sino darle espacios de distensión.
El placer en moderación relaja la mente
y le da equilibrio.
SÉNECA

Alcanzar cualquier objetivo complejo te llevará tiempo. Si postergas indefinidamente cualquier tipo de recompensa tu cerebro aumentará su resistencia, dificultando la adherencia. Al igual que debes hacer el primer paso especialmente pequeño, debes incorporar pequeñas recompensas durante el proceso.

Una estrategia para lograrlo es el llamado "Empaquetado de tentaciones", una técnica validada científicamente, pero de implementación sencilla:

- **Paso 1:** Haz dos listas, una de cosas que debes hacer (en las que sueles procrastinar) y otra de cosas que disfrutas hacer (pero que no contribuyen a tus objetivos futuros).
- **Paso 2:** Crea un *paquete* con una tarea de cada lista, algo que debes hacer y algo que te gustaría hacer.
- **Paso 3:** Cuando hagas lo que debes, puedes hacer lo que quieres.

De esta manera, hacer algo que mejorará tu futuro tiene una recompensa inmediata en el presente y reducirás la procrastinación. Algunos ejemplos:

- Ver series de televisión solo mientras haces ejercicios de movilidad.
- Tomar un rico batido (de tu sabor favorito) solo los días que entrenas.
- Escuchar tu música preferida solo mientras estás en el gimnasio (o sales a caminar).
- Comer tu postre predilecto después de cinco días de seguir la dieta. O si no puedes esperar tanto, incluir pequeños antojos diarios solo cuando cumples tu objetivo calórico.

Evidentemente aplican restricciones. Si el daño en el presente supera el beneficio futuro, el resultado neto será negativo, pero con un poco de imaginación encontrarás muchas combinaciones favorables.

También puedes usar esta estrategia para cumplir determinados objetivos de corto plazo. Si en el trabajo debes realizar diez llamadas a posibles compradores, prométete un café cuando completes la mitad. Utiliza las cosas que deseas como recompensa para hacer las que debes.

CREA TU TRIBU

Asóciate con aquellos que te harán mejor.
Da la bienvenida a esos que tú puedes mejorar.
El proceso es mutuo, pues la gente
aprende mientras enseña.
SÉNECA

De manera inconsciente nos convertimos en lo que nos rodea, para lo bueno y para lo malo. Cuanta más claridad tengamos sobre nuestros valores más inmunes seremos a influencias externas, pero nuestro entorno siempre nos afecta.

Los estoicos consideraban la amistad como uno de los indiferentes preferidos más importantes, pero eran selectivos en sus amistades. Sabían que algunas personas facilitan nuestro proceso de mejora, mientras que otras lo dificultan.

Aunque no usaban su entorno como excusa, y afirmaban que podemos mejorar en cualquier lugar y con cualquier compañía, recomendaban rodearse de aquellos que comparten objetivos similares. Todo cambio es más fácil en compañía que en solitario.

Los estoicos tenían un fuerte compromiso social, pero a la vez marcaban cierta distancia con las masas. Nos advertían que tendemos a perder nuestra propia identidad en el medio de la multitud y que adoptamos por imitación comportamientos que no nos favorecen. No rechazaban las masas, pero tampoco se dejaban arrastrar por ellas. Séneca proponía alternar soledad y compañía.

Debes alternar solitud y multitud.
La primera genera el deseo de compañía de otros,
la segunda nos hace ansiar nuestra única compañía.
Una será el remedio de la otra.
Séneca

La disciplina es una batalla individual, pero está muy influenciada por nuestro grupo social. Los hábitos se extienden como si fueran gérmenes, saltando de una persona a la siguiente. Si las personas de tu grupo engordan, tus probabilidades de subir de peso también se elevan.

Por desgracia, vivimos en una sociedad donde los malos hábitos son socialmente aceptados. Nadie te mira raro por desayunar croissants, ser sedentario y beber alcohol diario.

Por suerte, no se contagian solo los malos hábitos, también los buenos. La forma más efectiva de mejorar tus hábitos es rodeándote de un grupo cuyos comportamientos esperados sean tus comportamientos deseados.

No se trata de distanciarse de los demás, pero es importante determinar cuáles son tus objetivos y pasar más tiempo con las personas que te ayudarán a lograrlos. Si tienes un grupo que acuerda entrenar con frecuencia o sube a la montaña el fin de semana, adoptarás esos hábitos con más facilidad.

Si el concepto de ocio de tus amistades, es reunirse para beber después del trabajo y emborracharse los sábados, te costará mucho más avanzar en tu camino.

Aquello que entra en contacto con lo sucio
se termina ensuciando.
EPICTETO

Dicho esto, los estoicos nos decían también que debemos ser pacientes y tolerantes con aquellos que no comparten nuestro proceso de cambio y evitar que sus acciones nos hagan perder nuestro afecto por ellos.

A medida que progresas en tu camino, la gente
intentará bloquear tu avance. No podrán impedir
que hagas lo correcto, así que no permitas que te hagan
perder tu afecto hacia ellos. Mantente vigilante en ambos
frentes, siempre haciendo lo correcto, pero conserva
la amabilidad hacia los que obstruyen tu camino
o te crean dificultad. Enfadarse es una debilidad,
al igual que abandonar el camino o darse por vencido.
MARCO AURELIO

En resumen, no debes abandonar tu camino porque no le guste a ciertas personas, pero tampoco debes abandonar a esas personas porque no les guste tu camino. No te enfades o pelees con ellas. Al fin y al cabo, muchos están donde tú estabas hace poco tiempo. Simplemente intenta pasar más tiempo con aquellos que comparten tus nuevos ideales.

ALTERNA ACCIÓN Y DESCANSO

Debemos relajar la mente de vez en cuando.
Volverá fortalecida a su trabajo tras el descanso.
SÉNECA

Es imposible mantener la concentración en una actividad más allá de cierto tiempo. Debes prestar toda tu atención a aquello en lo que estás trabajando, pero después de un rato tu mente necesita descanso.

Las máquinas pueden trabajar ininterrumpidamente, las personas no. Si nos obsesionamos con la productividad, intentaremos añadir tareas a cada pequeño bloque de tiempo, y siempre habrá algo adicional que hacer. El problema de esta estrategia es que tu mente se agotará, reducirá su rendimiento y aumentará el riesgo de abandonar.

Y lo mismo en el caso de tu cuerpo. Tras el entrenamiento, los músculos requieren descanso. Después de semanas en déficit calórico necesitas elevar las calorías para reactivar tu metabolismo y saciar tu apetito. Incorporar los descansos necesarios hará el viaje más llevadero y sostenible.

Los estoicos decían que debemos trabajar cada día en mejorar, pero reconocían también el valor de incluir dosis adecuadas de relajación. Ver un rato la televisión o revisar Instagram está permitido, siempre que sea a modo de recuperación de las cosas que realmente te aportan valor.

Por el contrario, muchas personas utilizan el ocio no para refrescar su cuerpo y su mente, sino para evadir su responsabilidad. Evalúa cuánto tiempo dedicas cada día a trabajar en ti y en tu futuro, y cuánto al ocio vacío. Si la proporción se inclina en exceso hacia el ocio, deberás replantear tus objetivos y prioridades.

Te digo: "Haz lo que la naturaleza demanda de ti".
Y respondes: "El descanso también es necesario".
Y es cierto, la naturaleza demanda cierto descanso,
así como cierta comida y bebida. Sin embargo,
tiendes a ir con todo esto más allá de lo necesario,
y a quedarte corto a la hora de hacer lo que debes.
MARCO AURELIO

La proporción exacta entre esfuerzo y descanso depende de cada caso, y cada uno debe encontrar el equilibrio adecuado. Esfuerzos medios mantenidos en el tiempo te darán mejores resultados que esfuerzos titánicos de corto plazo. Cruzar el desierto es más fácil si puedes descansar un poco en los oasis.

CONSIDERA LA CLÁUSULA DE RESERVA

Cruzaré el océano, si nada me lo impide.

Séneca

El pensamiento positivo tiene su función, pero los estoicos no se dejarían engañar por eslóganes vacíos como "Puedes hacer todo lo que te propongas" o "Nada es imposible".

Como vimos previamente, muchas cosas no dependen de ti. Puedes tener el mejor plan y ejecutarlo a la perfección, pero el resultado final dependerá en parte del azar. Para reflejar esta realidad, los estoicos usaban con frecuencia la llamada *hupexhairesis*, que podría traducirse como cláusula de reserva.

Más tarde, los cristianos (influenciados en muchos ámbitos por los estoicos), añadían D. V. al final de sus cartas (*Deo Volente*, o "si Dios quiere").

Por un lado, estamos reconociendo que al menos una parte del resultado escapa de nuestro control. Esto nos ayuda a despegarnos del resultado y concentrar los esfuerzos en las acciones que están en nuestras manos. Si hiciste lo correcto, debes estar satisfecho, independientemente del resultado.

Reducirás además el riesgo de que malos resultados dañen tu autoestima, al entender que el resultado final no es un reflejo de tu valía. Hay infinitos factores fuera de tu control: unas veces caerán de tu lado y otras veces no.

El hombre sabio mira el propósito de todas
las acciones, no sus consecuencias. Los comienzos
están en nuestra mano, pero la fortuna determina
el resultado, y eso no tiene ningún poder
para cambiar mi veredicto sobre mí.
SÉNECA

Debes creer en ti y hacer tu mejor esfuerzo, pero a la vez aceptar que no es responsabilidad del universo cumplir tus deseos.

La cláusula de reserva no es por tanto una excusa para no esforzarse, sino una estrategia para evitar autoengañarse. Entender que no todo saldrá como esperas reducirá tu frustración ante los problemas. Te permitirá adaptarte rápidamente a las nuevas circunstancias y simplemente ajustar el plan.

4

RESISTE CON DISCIPLINA

Entrégate por completo a tu propósito.
Decide construir tu carácter a través de buenas acciones
y comprométete a pagar el precio de perseguir
objetivos dignos. Los desafíos que enfrentarás
te harán conocer tus fortalezas.

EPICTETO

En la sección anterior nos centramos en vencer la procrastinación y el miedo, pasando así de la planificación a la acción. Ahora es el momento de profundizar en estrategias que te ayudarán a mantenerte en el buen camino a pesar de los desafíos.

A lo largo de nuestras vidas nos ocurrirán muchas cosas que arruinarán nuestros planes y nos harán abandonar nuestras mejores intenciones. Y es precisamente en estos momentos donde son más valiosas las lecciones estoicas.

Como vimos, los estoicos ni siquiera entendían estos desafíos como malos, sino más bien como eventos indiferentes que podíamos aprovechar para fortalecernos y practicar el arte de la disciplina.

Pondremos especial énfasis en los tres aspectos que con más frecuencia nos alejan de nuestros objetivos: la adversidad, la tentación y las críticas.

PRIMERO, PERDONA TUS ERRORES

Perdona a los demás por sus errores,
una y otra vez. Perdónate a ti mismo una y otra vez,
pero intenta actuar mejor la próxima vez.
EPICTETO

Antes de continuar, debes entender que fallar es normal. La única forma de no fracasar en nada es no intentando nada, no siendo nada. Los estoicos eran conscientes de que el camino hacia la mejora constante no es fácil, y resaltaban la importancia de responder bien ante cada debacle. Pero antes de pensar en acciones externas, debemos actuar en nuestro interior, empezando por la autocompasión.

Cuando hacemos algo incorrecto, interpretamos con frecuencia que hemos fallado, generando un diálogo interno negativo. Si por ejemplo nos saltamos la dieta, tendemos a caer en el autocastigo y culpamos a nuestra debilidad e incapacidad de autocontrol, pero esta fustigación solo empeora la situación. Eleva el estrés y la ansiedad, haciéndonos buscar algo rápido para sentirnos mejor, como un atracón. Y el proceso se repite de nuevo.

La estrategia correcta es la opuesta: en vez de autocastigo, autocompasión. Tras una caída, la respuesta debe ser siempre la misma: perdonarse, levantarse y continuar. Debemos criticar el comportamiento, no la persona. La energía que ahorras al no castigarte la puedes emplear en corregir tu comportamiento, lo realmente importante.

Incluso cuando fallamos, nadie nos impide competir de nuevo inmediatamente. No tenemos que esperar cuatro años como en las Olimpiadas.
EPICTETO

Además, nuestros errores rara vez son tan grandes como imaginamos. Tendemos a magnificar su impacto, fruto de las emociones exageradas de arrepentimiento o culpa. Para contrarrestar esta tendencia natural debemos aprender a poner nuestros errores en perspectiva, usando alguna de las técnicas que revisaremos más adelante.

Además, fallar no es solo parte del proceso, sino que es muchas veces cuando más aprendemos. Debemos dejar de ver estos eventos como fracasos para considerarlos simplemente indiferentes (aunque sean no preferidos). En vez de castigarte por el fallo, piensa en cuánto has progresado y en las cosas que sí has logrado.

Perdonarse no implica evadir nuestra responsabilidad ni ignorar nuestros errores. Se trata simplemente de aprender de ellos para mejorar. Gracias a esta tranquilidad podremos centrarnos en la acción correcta en el presente sin arrastrar cargas del pasado.

Los propios estoicos compartían en sus cartas los fallos que cometían y las acciones correctivas que adoptaban. Sin castigo, pero sin descanso. Nos recordaban que la vida puede empezar en cualquier momento.

Es posible empezar a vivir de nuevo.
Ver las cosas como las viste hace tiempo,
así se reinicia la vida.
MARCO AURELIO

Los principios del estoicismo se mantienen a pesar de lo lejos que te hayas desviado. Puedes regresar y abrazarlos en cualquier momento.

Interpreta tus fallos como información para identificar tus puntos débiles, precisamente los aspectos que debes reforzar. Usa este nuevo conocimiento para adaptar tu entorno y tu comportamiento. Pon la recaída en perspectiva. Revisa el progreso global y refuerza tu compromiso con tus objetivos.

Por ejemplo, quizá una tarde llegaste a casa después del trabajo y no tenías nada para preparar una buena cena rápida, así que pediste una pizza. Esto no te ayudará a lograr tus objetivos, pero tampoco es el fin del mundo. En vez de fustigarte analizas lo que ocurrió. ¿Cuál fue tu principal error? Falta de preparación. ¿Qué está dentro de tu ámbito de control para minimizar el riesgo de que vuelva a ocurrir? Planificar la comida de la semana y asegurar que tienes siempre buenas opciones de alimentación en casa, o quizá dejar la cena lista antes de irte a la oficina. Cero culpa pero total responsabilidad.

SUPERA LA ADVERSIDAD

Las cosas más difíciles de soportar
son las más dulces de recordar.
SÉNECA

Eres desafortunado porque no has sufrido adversidad.
Has pasado tu vida sin un oponente, y nadie sabrá
de lo que eres capaz, ni siquiera tú.
SÉNECA

Cambiar es difícil incluso cuando todo juega a nuestro favor, pero se complica especialmente cuando las cosas se tuercen: problemas en el trabajo, rotura emocional, pérdida de un familiar, lesión, enfermedad...

Es precisamente en los malos momentos de la vida cuando es más importante contar con una buena filosofía. Revisaremos a continuación algunas lecciones estoicas que te ayudarán no solo a superar, sino en muchos casos a aprovechar, todo lo que el destino ponga en tu camino.

ACEPTA LO OCURRIDO

Si lo puedes tolerar, toléralo.
Deja de quejarte.
MARCO AURELIO

El primer paso es aceptar la realidad, evaluando lo que ha ocurrido con objetividad. Mantén la calma y entiende que es normal. Muchas otras personas han pasado, están pasando y pasarán por lo mismo. Y no tiene sentido quejarse por cosas inherentes a la vida. Al fin y al cabo todo lo externo es indiferente, y no debemos permitir que nos afecte negativamente. La adversidad es un indiferente no preferido que intentaremos evitar, pero que aceptaremos cuando nos llegue. Y siempre llegará.

Es absurdo lamentarse por carecer de algo o porque
algo te afecta adversamente. No debes sorprenderte
o indignarte por las cosas que afectan a todos
los humanos: muerte, enfermedad, accidentes...
Cualquier cosa que el universo ponga en tu camino,
acéptalo con la cabeza alta. No seas molestado
por lo que no puedes evitar.
SÉNECA

Marco Aurelio decía que esperar pasar por la vida sin que nos ocurriera nada malo sería tan absurdo como que un ojo quisiera ver solo el color verde. Al igual que el ojo acepta la gama de colores que recibe, tú debes aceptar la gama de experiencias que la vida te entrega.

En la práctica es inevitable enfadarse y lamentarse como respuesta inicial. Es una reacción automática natural imposible de controlar. Pero debemos aplicar lo antes posible las técnicas anteriores de regulación emocional para evitar entrar en una espiral de negatividad. Estas emociones y las acciones a las que conducen son muchas veces más dañinas que el suceso inicial.

De hecho, si tomas una mala decisión fruto de una reacción emocional, pronto tendrás un problema adicional. Si por una ponchadura de llanta de camino al trabajo te alteras más de la cuenta y estropeas una presentación importante en la oficina, tú eres el causante, la ponchadura.

*No hagas tus problemas mayores al añadirles
tus quejas. El dolor es más tolerable
si no le añades nada.*

Séneca

A menudo nos enfadamos por eventos que apenas tienen impacto. En vez de enfadarnos debemos simplemente aceptarlos y descartarlos.

¿El pepino está amargo? Tíralo.
¿Hay palos en el camino? Rodéalos.
Es todo lo que necesitas saber. No exijas saber
por qué. Cualquiera que entienda el mundo
se reiría de ti, al igual que se reiría el carpintero
si te enfadas por ver aserrín en su estudio.
MARCO AURELIO

Y una parte importante de aceptar es no culpar. Cuando nos ocurre algo indeseado tendemos a recordar los eventos que lo causaron, y culpamos con facilidad a todos los participantes, incluidos nosotros mismos: "Si tal persona no hubiera hecho esto, si yo no hubiera dicho aquello...".

Recuerda que la culpa solo produce ira, una de las emociones más destructivas. Aprende de tus errores y de los de otros, pero no te atormentes por el pasado.

El ignorante de la filosofía culpa a los demás por
su situación. El estudiante de filosofía se culpa a sí
mismo. El sabio no culpa a nadie.
EPICTETO

Además, debemos entender que nuestra felicidad depende más de nuestra disposición mental que de las cosas que nos ocurren. Tendemos a caer en la felicidad condicional: seré feliz cuando resuelva este problema. Poco probable. Cuando resuelvas ese problema vendrán otros. La vida es una sucesión de problemas. Para los estoicos, la felicidad viene de dentro, y es ajena a todo lo externo. La serenidad debe lograrse en el presente imperfecto.

Expresar nuestra frustración puede generar una pequeña liberación emocional a corto plazo, pero no resuelve nada, no mejora nada. De hecho, la queja suele empeorar la situación. No solo derrochas energía que podrías emplear en buscar una solución, sino que con el tiempo la queja eleva el estrés y la frustración.

El universo no tiene nada en tu contra, pero tampoco te debe ningún favor. Sea cual sea tu situación, será compartida por parte de la población. Algunos aseguran que no pueden dedicar tiempo a su salud porque tienen trabajos estresantes, hijos pequeños o muchas responsabilidades. Sin embargo, muchas personas con vidas similares encuentran la manera de mantenerse en forma. En vez de quejarte por tu situación, acepta lo que no puedes cambiar y evalúa qué están haciendo esas personas. No cedas a tus excusas.

Debes aceptar tus circunstancias, quejarte de ellas lo mínimo posible y aprovechar cualquier ventaja que ofrezcan. Ninguna condición es tan amarga como para que una mente sana no encuentre en ella alguna consolación.

SÉNECA

No se trata de trivializar tus problemas o fingir que no existen, sino de darles la perspectiva adecuada.

CAMBIA TU PERSPECTIVA

Los hombres no son perturbados por los eventos,
sino por sus opiniones sobre ellos.

EPICTETO

Los estoicos eran maestros de la perspectiva, y parte de su entrenamiento consistía en adoptar el punto de vista más útil en cada momento. En relación con la adversidad, proponían varias estrategias concretas.

Para empezar, nos recordaban lo insignificante de nuestra existencia. Nos hacían ver que todo nuestro planeta no es más que un pequeño punto en el universo, y nosotros a su vez un pequeño punto en el planeta. Proponían visualizar la transitoriedad de todas las cosas, y cómo cada generación es en pocas décadas reemplazada por la anterior. Paradójicamente, ser insignificantes resta peso a nuestros problemas. Eso que nos aflige no es tan relevante después de todo.

Como consejo adicional, piensa si eso que tanto te preocupa será importante dentro de diez días, diez meses o incluso diez años. Si es algo que no importará en diez años, no es necesario esperar tanto. Intenta que deje de preocuparte ahora. Esta proyección temporal puede reducir la percepción de catástrofe.

Los estoicos proponían también ver los problemas como una especie de entrenamiento filosófico. Cuando te surjan inconvenientes en tu día a día, aprovéchalos para practicar tu filosofía. La mayoría de los problemas son menores: llegas tarde a una reunión, se rompe un vaso, se derrama leche, se avería el coche... Ante cada pequeño problema, practica el arte de penetrar entre el estímulo y la respuesta, y mitiga así el efecto de cada uno de estos eventos. Los puedes ver como un pequeño precio a pagar por mejorar tu fortaleza ante la adversidad. Aprender a lidiar con problemas pequeños te ayudará a superar problemas grandes más adelante.

> *Empieza con cosas de poco valor:*
> *algo de aceite derramado, algo de vino robado...*
> *y repítete: "Por un precio tan bajo compro*
> *tranquilidad y paz mental".*
> Epicteto

Otra recomendación estoica ante la adversidad es imaginar cómo responderíamos si fuera otra persona quien tuviera nuestro problema. Vemos los eventos de manera muy distinta cuando nos ocurren a nosotros que a otros. Es más fácil mantener la ecuanimidad cuando las cosas malas les ocurren a los demás. Piensa cómo reaccionarías si le hubiera ocurrido tu adversidad a otro, e intenta adoptar esa misma respuesta.

> *Deberíamos recordar cómo reaccionamos*
> *cuando una pérdida similar aflige a otra persona.*
> Epicteto

Piensa también si tienes algún problema concreto en este preciso momento. Salvo que estés sufriendo dolor físico, no tienes un problema específico. Muchas cosas que llamamos problemas son en realidad temores por cosas que podrían ocurrir, en unos minutos o en unos años. Pospón la preocupación para cuando llegue el momento.

Y si estás sufriendo dolor físico, los estoicos también proponían estrategias para intentar desasociarnos de ese dolor. Marco Aurelio sufría dolores frecuentes y en sus escritos explicaba distintas técnicas para lidiar con ellos. Imaginaba por ejemplo su dolor limitado a una zona específica, y evitaba pensar en este como algo general. Dividía también el tiempo, y se recordaba que solo debía lidiar con el dolor momento a momento, pues con el tiempo se reduciría. Entendía que la naturaleza nunca ofrecería un dolor con el que la mente no pudiera lidiar.

Epicteto tenía una cojera severa provocada por los maltratos de su dueño cuando era esclavo. Sin embargo, no perdía mucho tiempo pensando en esta limitación o el dolor que le producía. "La cojera es un impedimento para la pierna, no para la mente", decía. Simplemente lo aceptaba como algo que no podía cambiar. Aumentamos el dolor cuando pensamos en él.

Tanto para el dolor como para el resto de nuestros problemas, debemos intentar mantenerlos aislados en su parcela. Tendemos a fusionar nuestras preocupaciones en un gran amasijo mental, permitiendo que problemas en un área de nuestra vida infecten las demás. Debes aplicar el "divide y vencerás". Evalúa los problemas uno a uno, definiendo estrategias específicas para cada uno.

RECUERDA TUS CAPACIDADES

La naturaleza nos prepara
para soportar todo lo que nos ocurre.
MARCO AURELIO

Somos capaces de tolerar mucho más de lo que creemos. La naturaleza nos ha preparado para soportar gran adversidad, pero debemos creer en esta capacidad. Los estoicos veían la mente como una gran hoguera, que se alimenta de cualquier material.

Un fuego ardiente crea luz y llamas
de todo aquello que se arroja en él.
MARCO AURELIO

Incluso en los momentos de mayor desesperación, debes confiar en tu capacidad de superación. Piensa en todas las personas que han pasado por lo mismo y han salido airosas. No son diferentes de ti.

Pero además de confiar en tus capacidades, debes planificar tu respuesta. ¿Qué acciones concretas puedes empezar a tomar para mejorar tu situación? ¿Qué personas han pasado por algo similar y quizá te puedan aconsejar?

Toda dificultad es una oportunidad para mirar
adentro e invocar nuestros recursos internos.
Los desafíos que enfrentamos nos muestran
nuestras fortalezas. El sabio mira más allá del
problema y busca la forma de sacarle provecho.
Posees fuerzas de las que no eres consciente.
Encuentra la adecuada. Úsala.

EPICTETO

Cuanto antes pases de la lamentación a la acción antes reducirás las emociones negativas causadas por lo ocurrido. Por otro lado, recordar que puedes lidiar con tu situación no quiere decir que te autoengañes. Si tu situación es realmente mala, deberás reconocerla como tal, pero hundirte no ayudará.

James Stockdale era un piloto americano en la guerra de Vietnam, y durante años había estudiado la filosofía estoica. El 9 de septiembre de 1965 su avión fue derribado por el enemigo, y mientras descendía al suelo en paracaídas pensó: "Estoy dejando el mundo de la tecnología para entrar en el mundo de Epicteto". Pasó los siguientes siete años como prisionero de guerra, sometido a constantes vejaciones y torturas. Gracias a su filosofía no solo soportó el tormento, sino que se alzó como líder del campamento e inspiró de paso a miles de prisioneros. Décadas más tarde, ya libre, afirmaba que quienes más sufrían en el campamento eran los optimistas, los que pensaban que serían liberados antes de Navidad, o antes del verano o en cualquier otro momento arbitrario. Cuando sus expectativas no se cumplían, se hundían. Resistían aquellos que, sin abandonar la esperanza, se centraban en superar la adversidad un día a la vez.

Acepta tu situación, por dura que sea, pero confía en tu capacidad de superarla. No importa si tardas un mes, un año o una década.

DA LA VUELTA A LOS PROBLEMAS

La mente puede dar la vuelta a cualquier problema
y usarlo para su propósito.
MARCO AURELIO

Los estoicos entrenaban sus mentes para encontrar utilidad en todo lo que les ocurría. Practicaban una especie de alquimia mental, que convertía los obstáculos en objetos valiosos.

Su objetivo era reemplazar nuestra reacción natural: "¿Por qué a mí?", por otra más productiva: "¿Cómo puedo usar esto a mi favor?".

Es una extensión de la idea anterior de *amor fati*. No solo aceptamos el destino, lo amamos. Usamos la adversidad como materia prima para construir mejores cosas.

¿Crees que el sabio es molestado por sus problemas?
No, los usa. Fidias hacía sus estatuas de marfil,
pero también de bronce. Le dieras el material que le
dieras, hubiera hecho la mejor estatua posible.
Y así debe obrar el sabio, haciendo lo mejor posible
con el material que le ofrece el destino.
SÉNECA

Tenemos poca capacidad de juzgar con objetividad lo que nos ocurre. A veces, las cosas que consideramos buenas a corto plazo nos dañan con el tiempo. Y al revés, muchos problemas nos enseñan lecciones que nos ayudarán toda la vida, o son el revulsivo que necesitábamos para transformar nuestra vida. Lo que parece ser a veces el final del camino es solo el inicio de uno distinto, y potencialmente mejor. Pero para verlo, debemos estar atentos. Si nos cegamos con la vieja puerta que se cierra, no podremos ver todas las nuevas puertas que se abren.

La destrucción es muchas veces necesaria para dar espacio a algo mejor. Proyéctate al futuro y piensa cómo puedes usar lo que te ha ocurrido a tu favor.

Si por ejemplo has sufrido una lesión, puedes aprovechar para leer más o practicar nuevos movimientos. Aprenderás más sobre tu propio cuerpo y sobre estrategias de rehabilitación. Problemas graves de salud son muchas veces lo que hace a las personas empezar a tomarse en serio el cuidado de su cuerpo. Paradójicamente, la enfermedad les ayuda a vivir después una vida mejor.

Si has lanzado un negocio y ha fracasado, piensa en las lecciones que has aprendido. Pocas personas tienen éxito en su primer intento, y solo las que aprenden constantemente de sus fracasos logran finalmente lo que persiguen. Intenta ver todo como un experimento, donde el resultado es indiferente. Lo importante es la lección, y todo conocimiento te hará mejor.

SALDRÁS FORTALECIDO

Cuanto mayor es la dificultad, más gloria hay en superarla. Los buenos navegantes logran su reputación en las tormentas y tempestades.
EPICTETO

Los árboles agitados por el viento desarrollan raíces más fuertes. Los árboles que crecen en valles soleados son los más débiles.
SÉNECA

Incluso si eres incapaz de ver el lado bueno del problema que enfrentas, debes al menos interpretar lo que te ocurre como una oportunidad para fortalecerte y demostrar quién eres.

*El fuego prueba al oro.
La adversidad prueba al hombre.*
SÉNECA

Solo conoces realmente a las personas cuando atraviesan momentos difíciles. La adversidad saca lo peor de unos y lo mejor de otros. ¿Cuál es tu caso?

Las circunstancias no hacen al hombre,
simplemente lo revelan.

Epicteto

Los estoicos utilizaban muchas analogías deportivas. Veían por ejemplo la adversidad como un contrincante a derrotar, pero uno a quien debíamos dar la bienvenida. Sin contrincantes, nuestros logros no tendrían valor.

Dices que eres un gran hombre, pero ¿cómo lo puedo
saber si el destino nunca te ha dado la oportunidad
de probarlo? Vas a los Juegos Olímpicos, pero eres
el único participante. Ganas la corona,
pero no la victoria.

Séneca

Siguiendo con las analogías deportivas, nos decían también que nuestros músculos se fortalecen con la adversidad, al someterlos al estrés constante del peso. Si no entrenas, tus músculos se atrofian, y si no resuelves problemas, es tu mente la que se atrofia.

La adversidad nos convertirá en un contrincante a su altura. Los cuerpos de los marineros son fortalecidos por el envite del mar, las manos de los agricultores fortalecidas con callos y los brazos de los soldados fortalecidos al usar sus armas: mejoramos aquello que entrenamos. Es al sufrir adversidades que la mente aprende a desafiar el sufrimiento.

SÉNECA

Y al igual que los músculos se fortalecen y son capaces de levantar pesos cada vez mayores, también nuestra mente, al entrenarla, es capaz de soportar adversidades crecientes. Tenemos gran capacidad de adaptación, y con práctica nos parecerán triviales los problemas que hace solo unos años se nos presentaban insuperables.

Para aquellos sin experiencia, gran parte de cualquier mal es su novedad. Después de acostumbrarse, soportan con más coraje las cosas que antes consideraban intolerables.

SÉNECA

La forma en la que vemos nuestra situación determina en gran medida nuestro estado de ánimo y nuestra respuesta. Para los estoicos, el lamento y la queja no llevan a nada, y solo magnifican nuestros problemas. Por el contrario, consideraban que enfrentar nuestros problemas sin perder el ánimo es una forma de convertir una desgracia en una dicha.

"¡Qué desgraciado soy porque me pasó esto!"
Para nada, piensa mejor: "Soy afortunado, porque
a pesar de lo que pasó, no estoy roto por el presente
ni temeroso por el futuro". La adversidad no es
una desgracia, sufrirla con grandeza
de ánimo es una dicha.
SÉNECA

Una vida con propósito es con frecuencia una vida con estrés. El objetivo no es por tanto reducir necesariamente el estrés, sino mejorar nuestra capacidad de lidiar con él.

Todos queremos que nuestra vida refleje una buena historia, pero las buenas historias requieren momentos difíciles. Nadie va al cine para ver una película sobre alguien que lleva siempre una vida cómoda. Enfrentar y superar cierto nivel de adversidad es necesario para crecer, para tener una vida que merezca la pena.

Vencer sin peligro es ganar sin gloria.
SÉNECA

Todas estas ideas se reconocen hoy en psicología bajo el término de crecimiento postraumático. Los eventos más adversos son a veces los que más nos enseñan. Sacan a la luz capacidades ocultas que desconocíamos. Al ser conscientes de ellas cambiamos la forma en la que nos vemos, aumentamos nuestra confianza y reducimos la ansiedad por el futuro. La adversidad suele además filtrar nuestras relaciones. Crea mayor cercanía con las relaciones importantes y nos separa de las irrelevantes. Por último, suele producir un cambio en las prioridades y filosofías personales. Personas que han estado por ejemplo cerca de la muerte afirman que viven de manera más consciente, extrayendo más valor de cada momento.

PIDE AYUDA

No te avergüences de pedir ayuda.
Como un soldado que ataca una muralla
tienes una misión que lograr.
¡Y qué si te han herido y necesitas
apoyarte en un compañero!
MARCO AURELIO

Si te sientes incapaz de lidiar con la adversidad, pide ayuda. Sea lo que sea lo que te ocurre, miles de personas han pasado por lo mismo, y podrán aconsejarte. Incluso si no pueden ayudarte directamente, te ofrecerán apoyo moral. El hecho de compartir nuestros problemas los alivia. Estamos biológicamente preparados para superar desafíos y desastres, pero estamos mal adaptados a estar desconectados.

No sientas que estás imponiendo una carga sobre los demás, todos queremos ayudar a quien realmente lo necesita. Sentirnos útiles da propósito a nuestras vidas. Déjate ayudar.

VENCE LA TENTACIÓN

La libertad no se logra satisfaciendo deseos,
sino eliminándolos.

Epicteto

Es difícil llevar una buena vida cuando los impulsos te dominan. Si estás intentando perder peso, pero eres incapaz de vencer la tentación de los ultraprocesados, difícilmente lograrás resultados.

Dominar el deseo era ya un desafío en los tiempos de los primeros estoicos, de ahí que dedicasen mucho tiempo a diseñar estrategias para vencerlo. El mundo moderno facilita además el acceso a muchas de las cosas que nos tientan, dificultando todavía más nuestra resistencia. Nos expone constantemente a comida insana y facilita la vida sedentaria. Nos tienta sin cesar con placer y comodidad. Y si cedemos, nos convertimos en esclavos de estos elementos externos.

Muchos intentan suprimir el pensamiento de eso que les tienta, pero en general es mala estrategia. Paradójicamente, intentar suprimir un pensamiento lo refuerza. Nada como pensar en dormir para seguir despierto. Debemos por tanto explorar estos pensamientos y aplicar distintas herramientas para vencerlos. El objetivo no es autocensurarse, sino alinear nuestras acciones con nuestras convicciones.

Para librarnos de la tentación y llevar una vida sana, debemos aprender a regular nuestros deseos. Veremos a continuación algunas de las estrategias estoicas para lograrlo:

1) Entender la insaciabilidad del deseo.

2) Evaluar las consecuencias de ceder a la tentación.

3) Lograr distancia cognitiva.

4) Planificar nuestra respuesta.

5) Modificar el entorno.

ENTENDER LA INSACIABILIDAD DE LOS DESEOS

No esperes a que desaparezcan tus antojos.
Ese momento nunca llegará. Un nuevo deseo
surgirá del final del anterior.

SÉNECA

Los estoicos desconocían la complejidad de nuestro sistema de recompensa o los neurotransmisores que lo regulan, pero entendían perfectamente nuestra relación con el deseo y la tentación.

Sabían que el deseo y el placer no tienen fin. El placer es breve, y en poco tiempo el deseo reaparece. Además, si cedemos una y otra vez ante el deseo, no solo no lo calmamos, sino que lo alimentamos. Necesitamos cada vez estímulos mayores para producir la misma satisfacción.

Nuestra mente cree ingenuamente que tras satisfacer el siguiente deseo estará bien, pero se equivoca. Después de ese deseo solo hay otro. El final no aparece, y el deseo nos mantiene siempre ansiosos.

*Las cosas que la gente más valora e intenta
con más esfuerzo lograr no las satisface
una vez que las alcanza. Los que no las poseen
imaginan que, una vez que las tengan, se sentirán bien.
Pero al lograrlas, el deseo sigue, la agitación sigue,
su indiferencia por lo que poseen sigue,
y su deseo por lo que no tienen sigue.*

EPICTETO

Si estás a dieta y sientes gran deseo por una galleta, tu mente imagina que obtendrá mucho placer al comerla, pero la realidad suele ser distinta. El placer desaparece rápido y solo te queda el remordimiento. Recordar esta insaciabilidad natural nos ayudará a mitigar la tentación. El deseo hace promesas que el placer no puede cumplir. Ser consciente de que te engaña te ayudará a prestarle menos atención.

*Solo vemos lo bueno de algo
cuando lo perseguimos,
y solo vemos lo malo
cuando lo alcanzamos.*

SÉNECA

Dicho esto, recuerda que los estoicos no rechazan el placer *per se*, y no se oponen a disfrutarlo con moderación de vez en cuando, siempre que lo mantengamos bajo control.

Los placeres, cuando superan cierto umbral,
se convierten en castigos.

Marco Aurelio

Los estoicos distinguían además entre el placer que procede de estímulos externos y el placer que obtenemos de hacer lo correcto. El primero es temporal, mientras que el segundo es duradero. El objetivo final es aprender a obtener satisfacción al resistir la tentación.

EVALÚA LAS CONSECUENCIAS

Cuando seas tentado por un placer, espera antes de
dejarte llevar por él. Imagina dos situaciones en tu
mente, la primera el disfrute inicial y la segunda
el arrepentimiento posterior. Después compara ese
arrepentimiento con el placer y la satisfacción
de no haber caído en la tentación.

Epicteto

Para lograr cosas importantes en tu vida debes valorar el futuro, y eso implica realizar sacrificios en el presente. El problema del deseo es que produce el efecto contrario, resalta el beneficio a corto plazo y oculta el daño futuro.

Para contrarrestar el deseo, los estoicos proponían revertir este sesgo, siguiendo la recomendación de Epicteto. En vez de pensar en la acción que te produce el deseo (por ejemplo fumar), piensa en el momento inmediatamente posterior, cuando te arrepientes de tus actos y, en un momento futuro, tu salud se deteriora. Piensa ahora en el orgullo que sentirás a corto plazo por no caer en la tentación, y en los beneficios a tu salud que obtendrás a largo plazo.

Es decir, debemos cambiar el foco, pensando menos en el objeto de nuestro deseo y más en las consecuencias de obtenerlo. Además, al visualizar nuestro objetivo futuro aumentamos el deseo por él, y utilizamos así la energía del deseo a nuestro favor. La dirigimos hacia algo bueno en el futuro para reducir la tentación por algo malo en el presente.

Este proceso tiene un beneficio adicional, y es que mientras lo completas estás postergando tu respuesta. Acostumbras a tu cerebro a no responder impulsivamente ante los estímulos externos, lo cual alarga el espacio intermedio entre el deseo y tu respuesta. Incluso si finalmente acabas cediendo a la tentación, la práctica es positiva, y con el tiempo mejorará tu disciplina.

LOGRA DISTANCIA COGNITIVA

Al comer ricos alimentos piensa que son solo el cadáver de un pez, o el cadáver de un pájaro o de un cerdo, o que ese caro vino es solo el resultado de exprimir un montón de uvas, o esa cara túnica no es más que lana de oveja teñida con sangre de un molusco, o el sexo es solo frotar carnes acompañado de una convulsión y excreción de fluidos.
MARCO AURELIO

La llamada distancia cognitiva es una técnica de gran importancia para tu salud mental, que cubriremos más adelante en mayor detalle. Aplicada en concreto a superar nuestro deseo, nos permite separarnos de aquello que nos tienta, viéndolo con distancia y frialdad.

Según los estoicos, no nos tientan tanto los objetos externos como la imagen idealizada que de ellos tenemos. Al descomponer un objeto en sus partes debilitamos el poder que tiene sobre nosotros.

Marco Aurelio utilizaba esta técnica con todo aquello que le tentaba. Si deseaba vino, se recordaba que no era más que zumo de uva fermentado, o si le tentaba la última toga de moda, se decía que solo era lana de una pobre oveja teñida con alguna sustancia.

Y recordemos que Marco Aurelio era el hombre más poderoso del momento. Podría haber tenido todo lo que deseaba, pero sabía que dejarse guiar por sus apetencias no produciría una vida satisfactoria.

Volviendo a tu dieta, piensa que ese ultraprocesado que tanto te tienta no es más que harina refinada con aceite vegetal rancio y cantidades ingentes de azúcar, junto con aditivos y colorantes. ¿Realmente vas a comprometer tu salud por eso? ¿Vale más el placer inmediato de las harinas que la satisfacción de estar a gusto con tu cuerpo?

Y repito una vez más, esto no implica que no puedas comer de vez en cuando eso que te tienta, pero de manera consciente y manteniendo el control. Lo que realmente buscamos es dejar de ser esclavos de impulsos incontrolados.

PLANIFICA TU RESPUESTA

El sabio se armará mucho antes de ser atacado.
Es demasiado tarde preparar la mente para soportar
peligros una vez que estos ya han aparecido.

SÉNECA

Los estoicos nos recordaban con frecuencia que el enemigo nos hace más daño si nos toma por sorpresa. Proponían por tanto adelantarse a los obstáculos, preparando nuestra mente para lidiar con ellos cuando finalmente se presenten.

Y para ello podemos aplicar nuevamente la herramienta de "Intención de implementación". Como vimos previamente, puede ayudarnos a superar la procrastinación, pero también en este caso a vencer la tentación.

Para aplicar esta herramienta debes seleccionar los principales obstáculos (o situaciones) que te hacen obrar mal y proponer después la respuesta deseada. Algunos ejemplos concretos:

- "Cuando me ofrezcan pan en el restaurante, responderé que se lo lleven".
- "Cuando pongan galletas en las reuniones, las alejaré de mí".
- "Cuando sienta hambre antes de la hora de comer, beberé un vaso de agua".

Al programar este compromiso contigo mismo te será más fácil vencer la tentación. Y como siempre, cuanto más repitas la acción al darse la situación, más se reforzará esa asociación. Con el tiempo, el comportamiento automático será el deseado.

Notarás además que al mejorar la disciplina en un ámbito de tu vida te será más fácil aplicarla a otros y generarás un círculo virtuoso en tu comportamiento.

MODIFICA TU ENTORNO

Los estoicos aseguraban que podemos ejercer la disciplina en cualquier sitio y con cualquier compañía, pero admitían que ciertos entornos son más favorables que otros.

Creemos que tomamos decisiones racionales, pero nuestro comportamiento está influenciado por multitud de variables de las que ni siquiera somos conscientes, y nuestro entorno es una de las principales.

Que el contexto moldea nuestro comportamiento no es nada nuevo. La Odisea de Homero presenta un buen ejemplo, cuando Ulises se ata al mástil de su nave para no sucumbir a los sensuales cantos de sirena. Es consciente de su debilidad, y opta por alterar el entorno para no depender de su fuerza de voluntad.

Al diseñar un entorno a tu medida necesitarás menos disciplina, y podrás dedicar tu energía a cosas más productivas. Empieza definiendo las tentaciones que más te cuesta vencer e implementa después los cambios adecuados para minimizar su atracción. Puedes intentar por ejemplo hacer menos visibles las cosas que te tientan, y dificultar además el acceso a ellas.

Imaginemos que tu problema principal es luchar contra los ultraprocesados. Podrías implementar los siguientes cambios:

- Compra más en mercados y menos en supermercados. En los mercados tradicionales hay menos ultraprocesados. Al no verlos te tentarán menos.
- Cuando compres en el supermercado, vete directo a las zonas de productos frescos. Evita los pasillos de cereales y galletas.
- Si no han funcionado las estrategias anteriores y algún ultraprocesado se termina colando en tu casa, guárdalo en un lugar poco accesible, por ejemplo en una estantería a la que solo llegues con una silla.
- Si vas a caer en la tentación, sírvete en un plato la porción. No comas de la bolsa o el recipiente original. Al comer directamente del recipiente es más difícil controlar la cantidad. Si no hay retroalimentación visual, terminarás comiendo de más.
- Si vas a guardar algo poco saludable en la nevera, envuélvelo en papel de aluminio para hacerlo menos visible. Envuelve en recipientes transparentes la comida saludable, para hacerla más visible.
- Usa platos más pequeños al comer alimentos poco recomendables. De esta manera tenderás a servirte menos.

Si tu principal distracción es la televisión, podrías implementar las siguientes reglas:

- Esconde el control remoto. Si no lo ves, tendrás menos tentación de encender la televisión.
- Cuando termines de ver la televisión, desenchúfala. Con este simple gesto generas un pequeño esfuerzo adicional para encenderla después. Si quieres ser más radical, saca las pilas del control y guárdalas en un cajón separado.

- Donde antes tenías el control remoto, coloca ahora un libro que quieras leer. Lo que vemos condiciona lo que hacemos.
- Desactiva la opción de mostrar automáticamente el siguiente episodio en Netflix. Cuando Netflix introdujo la funcionalidad Post-Play buscaba precisamente manipular tu opción por defecto, y fue un gran éxito. Antes, para ver el siguiente episodio debías apretar un botón. Ahora, te fuerzan a apretar un botón para dejar de verlo. La diferencia es sutil, pero caemos con frecuencia en la opción por defecto, y este pequeño cambio ha generado un importante aumento en los episodios continuos que ve la gente. Es parte del llamado Efecto Netflix.

Al entender cómo el entorno nos condiciona de manera inconsciente, podrás modificarlo para convertirlo en tu aliado. Con un poco de práctica, pasarás de ser víctima de tu entorno a arquitecto de tu destino.

PON EN PERSPECTIVA LAS CRÍTICAS

Si quieres mejorar,
debes estar dispuesto a ser ridiculizado.
Epicteto

El éxito de un insulto depende de la sensibilidad
y la indignación de la víctima.
Séneca

Somos seres sociales, y buscamos constantemente encajar en los códigos morales del grupo. Esta búsqueda de la conformidad social facilita por un lado la organización de sociedades complejas, al promover el cumplimiento de las reglas básicas de convivencia. Pero por otro lado, nuestra sensibilidad a la crítica nos hace fácilmente manipulables, lo que dificulta nuestro proceso de cambio.

Muchas veces estas críticas vienen de nuestro grupo más cercano y potencian su efecto en nuestro comportamiento. Los amigos y la familia son fuente de muchas alegrías, pero también son el origen de muchas emociones negativas.

Si tenías los mismos hábitos que los demás, pero decides cambiar, algunos lo interpretarán como un ataque personal. Pensarán que estás cuestionando su comportamiento y, de manera más o menos sutil, intentarán que vuelvas al redil. Por desgracia, esta presión social nos hace muchas veces abandonar nuestros esfuerzos por mejorar.

Los estoicos eran conscientes de este problema, y ofrecían multitud de estrategias para lidiar con las críticas de los demás, sin dañar las relaciones y minimizando el impacto sobre nuestra tranquilidad mental. Revisemos algunas de sus ideas.

VALÓRATE MÁS

No deja de sorprenderme el hecho de que, aunque nos queremos más que a otras personas, valoramos más sus opiniones que las nuestras propias.

MARCO AURELIO

Como decía Séneca, actuamos más guiados por la imitación que por la razón. Sentimos la necesidad de encajar, y esto nos lleva muchas veces a obrar mal. Gastamos dinero que no tenemos para comprar cosas que no necesitamos para impresionar a personas que ni siquiera estimamos.

Es precisamente cuando nos cuestionan o critican que debemos recordar nuestros principios y clarificar nuestros valores. ¿Qué opinión valoras más? ¿La tuya o la de los demás? Cuanta menos claridad tengas sobre lo que realmente persigues más influenciable serás por las opiniones externas. La opinión más importante sobre tu vida debe ser la tuya.

> *Importa mucho más lo que tú piensas de ti*
> *que lo que piensan de ti los demás.*
> SÉNECA

Por definición, la opinión de los demás está fuera de nuestro control, y por tanto no deberíamos prestarle mucha atención. Debemos aprender a ver las críticas como algo externo, de lo que podemos aprender pero que no podemos cambiar. Y sobre todo, debemos evitar que estas críticas alteren nuestra mente. Si esto ocurre la culpa no es del que nos critica, sino nuestra.

> *Si alguien consigue provocarte y hacer que pierdas*
> *la tranquilidad, tu mente es cómplice.*
> EPICTETO

Actuar en contra de nuestros principios para evitar la crítica es una forma de esclavitud. Nuestra conciencia es más importante que nuestra reputación.

¿Alguien me desprecia? Ese es su problema.
Mi misión es asegurar que no hago
nada que merezca desprecio.
MARCO AURELIO

Debemos aprender a controlar nuestra mente y evitar que sea negativamente influenciada por los demás. Como decía Epicteto, al igual que no dejaríamos a nadie abusar de nuestro cuerpo, no debemos permitir que abusen de nuestra mente. Y es precisamente lo que hacemos cuando dejamos a otros controlar nuestras decisiones.

Si alguien ofreciera tu cuerpo a un desconocido
por la calle, te enfurecerías. Y sin embargo,
ofreces tu mente a cualquiera para que
abuse de ella, dejándola perturbada.
¿No te da vergüenza?
EPICTETO

Es normal desear la estima de los demás, pero tu tranquilidad no puede depender de lograrla. Vivirás con ansiedad al perseguirla y, si la alcanzas, seguirás con ansiedad por el miedo a perderla. Además, el ansia por lograr esta aprobación puede percibirse externamente como desesperación, empeorando la opinión que los demás tienen de ti. Y si notan debilidad, te atacarán más. Si por el contrario te respetas a ti mismo, transmitirás confianza en tus acciones, y el resultado será un mayor respeto de los demás.

Ganarás el respeto de los demás
cuando te empieces a respetar a ti mismo.
Musonio Rufo

Las buenas acciones siempre favorecen los buenos resultados. Y cuando logras cosas de valor, generarás resentimiento en ciertas personas. No dejes que esto te frene.

El primer arte que deben aprender
los que aspiran al poder es el de ser capaces
de soportar el odio.
Séneca

Nunca dejarás de sufrir si reaccionas emocionalmente a las críticas de los demás. Si las palabras te controlan, cualquier persona te puede controlar. La capacidad de detenerse y reflexionar te da poder sobre las palabras de los demás.

El antídoto contra la crítica externa es la estima interna. Valora más tus objetivos que sus opiniones. Eres tú quien deberá vivir con las consecuencias de tus acciones.

EVALÚA LA CRÍTICA Y SU EMISOR

Examina quiénes son estas personas
cuya admiración persigues y qué principios
guían sus vidas. De esta manera no los culparás
cuando te ofendan, y no necesitarás su aprobación
cuando conozcas sus motivaciones y opiniones.
MARCO AURELIO

¿Quiénes son exactamente estas personas cuya
admiración buscas? ¿No son los mismos a los que
tildas de locos? ¿Es tu ambición en la vida
ganar la aprobación de lunáticos.
MARCO AURELIO

Los estoicos no proponían ignorar todas las críticas, sino evaluar su valía antes de ser influenciados por ellas. Debes escuchar con atención las opiniones de los demás, pero no las aceptes sin juzgarlas previamente.

En algunos casos, estas críticas son ataques personales, y los estoicos recomendaban tomarse con humor este tipo de acciones infantiles. Si te atacan por algo que es cierto, ríete y acéptalo. Una vez que aceptes tus defectos nadie podrá usarlos contra ti. Cesarán en sus esfuerzos al percibir que sus ataques no tienen efecto.

Se burlan de mi calvicie, mi pobre vista,
mis delgadas piernas, mi peso.
¿Cómo va a ser un insulto que te digan
lo que es evidente?

SÉNECA

Si te atacan por algo falso, siente lástima por su ignorancia. Los estoicos proponían ver a estas personas como niños o animales, con poca capacidad de raciocinio. Al igual que nadie se molestaría porque un niño llorase o un perro les ladrase, no debemos molestarnos por las opiniones de personas que no saben de lo que hablan.

Es la seña de identidad de una gran mente
elevarse por encima de los insultos.
Trata los insultos como los ladridos
de pequeños perros.

SÉNECA

Los estoicos recomendaban asumir que estas personas actuaban más por ignorancia que por malicia. Esto les ayudaba a controlar la ira que sentían y reducía el riesgo de enzarzarse en peleas absurdas. Algunas personas siempre van a criticar, y esperar que no lo hagan es como esperar que la higuera no dé higos. En vez de enfadarnos, podemos intentar educar, pero solo cuando veamos que la otra parte está dispuesta a cambiar. Si no lo está, no pierdas el tiempo.

Cuando conozcas a alguien pregúntate desde el principio cuáles son sus creencias sobre lo que es bueno y malo en esta vida. Cuando alguien actúe como tu enemigo, te insulte o se oponga a ti, recuerda que simplemente está haciendo lo que le parece correcto en ese momento, no sabe actuar mejor.

Epicteto

Evalúa a la persona que te critica. ¿Es una persona que admiras? ¿Su comportamiento es un ejemplo para ti? En caso afirmativo, presta especial atención a su opinión y analiza si quizá has cometido un error. No asumas necesariamente que su crítica es válida, pero quizá tenga algo que enseñarte.

Tampoco asumas malicia en la crítica de los demás, muchas veces intentan realmente ayudar. Ante cualquier disputa, analiza si quizá tú tienes parte de culpa. Examina tu propio comportamiento y permanece abierto a la posibilidad de que los demás vean algo que se te escapa.

En resumen, una vez más debemos considerar las críticas como primeras impresiones (*phantasias*), cuya validez debemos examinar antes de dejarnos influenciar. Si no son válidas, descártalas, no permitas que entren en tu fortaleza mental.

NO PREDIQUES, LIDERA CON EL EJEMPLO

Cuando estés en un banquete no prediques sobre cómo se debe comer, come como se debe.

Epicteto

A veces la resistencia de los demás la creamos nosotros mismos al intentar cambiar su comportamiento. Cuando te das cuenta por ejemplo de los beneficios de llevar buenos hábitos de vida sientes la necesidad de ayudar a las personas que te importan, pero es difícil imponer un cambio desde el exterior. Como vimos antes, los cambios reales empiezan desde dentro, y si otra persona no siente la necesidad de cambiar, se opondrá a cualquier fuerza externa, por bienintencionada que sea.

Esto era conocido por los estoicos, y por eso recomendaban simplemente liderar con el ejemplo.

Puedes hablar de lo que aprendes, pero es mucho más importante ponerlo en práctica y demostrar sus resultados. Si hablas de estoicismo pero sigues perdiendo los papeles por las pequeñas vicisitudes de la vida, no has aprendido realmente nada.

Como nos recordaba Epicteto: "Las ovejas no vomitan la hierba para demostrarle a su pastor que han comido, simplemente la convierten en leche y lana". De la misma manera, debes evitar "vomitar" lo que aprendes, tan solo digiérelo y ponlo en práctica. Tus acciones serán tu mensaje, y quienes lo entiendan te seguirán. Actuar es más efectivo que predicar. La gente presta más atención a tus acciones que a tus instrucciones.

Sigue tus principios, pero no intentes convertir al resto. Al ver tu progreso, muchas personas se interesarán por tu proceso, y estarán más receptivas a cualquier propuesta. Incluso muchos de los que te criticaban te admirarán en secreto al ver tus resultados.

Debes seguir tus ideales
con humildad y consistencia.
Aférrate a lo que sabes que es correcto.
Con el tiempo, aquellos que te ridiculizaban
llegarán a admirarte.

EPICTETO

Por último, recuerda que siempre serás atacado por hacer lo correcto. Hazlo igualmente.

TEN PACIENCIA

Nada bueno se crea de un día para otro. Incluso las uvas
o los higos necesitan tiempo para madurar.
Si dices que quieres un higo ahora,
te diría que le des tiempo. Deja que florezca primero,
que dé fruto después y finalmente madure.

EPICTETO

El deseo de mejorar nos impulsa a actuar, pero debemos ajustar nuestras expectativas a la realidad. La naturaleza tiene sus ritmos, y aunque hay caminos más eficientes que otros, no existen atajos. No esperes revertir en semanas los problemas (o kilos) acumulados durante años. Los que intentan constantemente buscar soluciones rápidas terminan no logrando nada. Su impaciencia constante frustra su avance. Con frecuencia, el camino largo termina siendo el rápido.

No pierdas de vista tus objetivos de largo plazo, pero mantén tu mente en el presente y aprende a disfrutar el proceso. Celebra cada pequeña victoria y cada pequeño paso en la dirección correcta. Haz buen uso de lo que tienes mientras esperas lo que viene.

Muchos procrastinan con sus acciones, pero esperan después resultados rápidos. Debes hacer lo contrario. Sé impaciente con las acciones, pero paciente con los resultados.

Recuerda que nada que merezca la pena se logra de un día para otro. Las grandes obras arquitectónicas fueron construidas por personas con capacidad de visualizar el largo plazo. Si quieres que tu vida sea una gran obra, piensa en años o incluso décadas, no en días o semanas. Ten paciencia.

ARMAMENTO ESTOICO

Los doctores mantienen sus bisturís y otros instrumentos a mano para las emergencias. Mantén tu filosofía a mano también.

MARCO AURELIO

Como hemos visto, el estoicismo es una filosofía práctica. Requiere interiorizar ciertos principios primero, pero solo para ponerlos en práctica después. Para ayudar a pasar de la teoría a la práctica, los estoicos proponían ejercicios concretos, que forman parte hoy de distintos tipos de terapias. En ocasiones se referían a estas técnicas como si fueran su armamento, que debían mantener siempre a mano para mantener su resiliencia psicológica.

Detallo a continuación algunas de las herramientas que recomiendo usar con frecuencia.

VISUALIZACIÓN NEGATIVA

Ten presente cada día la muerte,
el exilio y otras catástrofes.

EPICTETO

¿Qué es lo peor que podría ocurrir en tu vida? ¿Cómo responderías? ¿Cuán preparado estás para enfrentar las desgracias que les ocurren a otras personas a diario?

Los estoicos recomendaban pensar con frecuencia en los peores eventos. Esto parece extraño en el mundo actual, donde se intenta forzar un positivismo irreal. Sin embargo, asumir que la vida se adaptará a tus deseos solo amplificará tu frustración al enfrentar los obstáculos que sin duda llegarán. Como decía Séneca, la adversidad inesperada golpea con más fuerza.

Para que la adversidad no nos tome por sorpresa, los estoicos practicaban una técnica denominada *Praemeditatio Malorum*, que consiste en visualizar aquello que tememos.

Puedes aplicarlo a lo que quieras, aunque los estoicos ponían especial énfasis en temáticas como la pobreza, la invalidez, la enfermedad, la muerte de un ser querido o el exilio.

Los estoicos afirmaban que pensar en la adversidad aportaba multitud de beneficios. Revisemos los principales.

NOS AYUDA A ACEPTAR LO INDIFERENTE

Primero, querían acostumbrarse a considerar indiferentes los eventos que para otros eran catástrofes. Como vimos previamente, nada externo es para los estoicos malo o bueno, sino indiferente. Lo malo o lo bueno es aplicable únicamente a nuestras acciones, y nada en el futuro podrá impedirnos actuar con virtud, salvo la propia muerte, de la que hablaremos en breve.

Por tanto, debemos acostumbrarnos a etiquetar estos posibles acontecimientos como "indiferentes no preferidos". Lo malo no es que nos ocurran, sino que respondamos mal.

Al considerarlos indiferentes reducimos además la ansiedad y adoptamos una postura más desapegada. Epicteto recomendaba a sus alumnos responder a estos miedos diciendo: "Esto no es nada para mí" o "Lo que está fuera de mi control es indiferente para mí".

NOS AYUDA A PREVENIR LO QUE NO QUEREMOS

El exceso de optimismo puede ser destructivo. ¿Para qué tomar precauciones si estás convencido de que todo saldrá bien?

En el ámbito corporativo se usa con frecuencia el denominado análisis *premorten*. Antes de lanzar un producto, arrancar un proyecto o tomar una decisión importante, el equipo responsable se proyecta al futuro e imagina que el resultado ha sido desastroso, mientras se pregunta qué sucesos condujeron a ese resultado. Pensar en todas las posibles causas de lo indeseado trae a la luz posibles riesgos que nadie había contemplado. No puedes prevenir lo que no puedes imaginar.

Por supuesto, debe abordarse este proceso de manera racional, adecuando las medidas preventivas a la probabilidad real. No todos los riesgos posibles requieren acciones preventivas, pero el hecho de visualizar posibles causas por las que algo podría salir mal aumenta la probabilidad de que salga bien. Y lo mismo en tu vida. Visualiza que no logras los resultados esperados en tu intento de cambio. ¿Qué obstáculos te pueden haber frenado? Regresa ahora al presente y toma las medidas adecuadas para evitarlos.

PREPARA TU RESPUESTA

Incluso en los casos donde no hay estrategia preventiva posible, visualizar lo que tememos nos ayuda a preparar nuestra respuesta.

Marco Aurelio empezaba el día visualizando que se encontraría con personas "entrometidas, ingratas, insolentes, desleales, falsas y egoístas". Se preparaba mentalmente para ello, pero también planificaba su respuesta: "Ninguno de ellos me puede herir ni implicarme en su maldad. Ni debo tampoco sentir odio por ellos. Nacimos para trabajar juntos, como pies, manos, ojos y nuestras dos filas de dientes".

Esta preprogramación diaria te ayudará seguramente a ser más paciente y tolerante al encontrar a estos individuos, manteniendo así tu tranquilidad.

Séneca usaba analogías militares y afirmaba que un soldado no sabría cómo responder en un combate que no hubiera imaginado: "Es en momentos de seguridad que el espíritu debe prepararse para lidiar con la adversidad. Cuando la Fortuna nos sonríe debemos prepararnos para su ira. Es durante la paz que los soldados entrenan para una posible guerra. Si quieres que alguien mantenga fría su cabeza cuando la crisis golpea, debes entrenarle antes de que llegue".

En resumen, imaginar algo malo nos ayuda a prepararnos.

MITIGA EL IMPACTO

Lo que enfrentamos por primera vez nos parece más temible de lo que verdaderamente es. Al visualizar con frecuencia aquello que tememos lo hacemos más familiar, reduciendo su impacto negativo si finalmente se materializa.

Afrontamos con más valentía aquello para lo que nos hemos preparado. Los que nunca se anticiparon son presa del pánico ante hechos insignificantes. Debemos asegurarnos de que nada nos tome por sorpresa. Y dado que es la falta de familiaridad la que hace a las cosas más imponentes de lo que son, este hábito de reflexión constante asegurará que no eres un novato ante cualquier tipo de adversidad.

SÉNECA

Para superar un miedo, es necesario exponerse a él de manera gradual, y una forma de lograrlo es a través de la imaginación. Debemos vernos enfrentando y superando la situación que tememos.

Esta visualización es una especie de "simulacro emocional", y en cierta medida nos inmuniza contra la ansiedad producida por los eventos que nos aterrorizan. Al exponernos a dosis controladas de una desgracia (aunque solo sea en nuestra imaginación), elevamos nuestra tolerancia al hecho real, mejorando nuestra resiliencia emocional.

Intentar ignorar o suprimir nuestros miedos los magnifica. Traerlos al presente y enfrentarlos directamente los mitiga. Al repetir una imagen en nuestra cabeza nos habituamos a ella y reducimos el poder que ejerce sobre nosotros.

Podemos además cuestionar estos miedos a través del proceso de distancia cognitiva que veremos en breve: ¿es realmente tan malo? ¿No habría nada bueno en ello? ¿Destrozaría realmente mi vida? ¿Hay gente que ha superado eso que me da tanto miedo?

En resumen, recalibramos lo que tanto tememos para ajustarlo a un nivel más adecuado.

EVITA LA ADAPTACIÓN HEDÓNICA

No imagines tener las cosas de las que careces.
Elige las mejores cosas que tienes y piensa
cuánto las extrañarías si no las tuvieras.
Marco Aurelio

Otro impedimento para disfrutar lo que tenemos es la llamada adaptación hedónica. Cuando llega a nuestra vida algo bueno (nuevo coche, nueva casa o nueva pareja) se eleva nuestra sensación de bienestar, pero la mejora es solo temporal. Con el tiempo, la emoción se atenúa y volvemos a nuestro nivel de satisfacción inicial.

Para combatir esta adaptación, Séneca utilizaba en sus cartas ejemplos macabros pero efectivos, como imaginar la muerte de un ser querido. Nos recordaba que todo lo que tenemos es un préstamo del universo, y puede ser reclamado en cualquier momento.

> *Nunca digas que has perdido algo,*
> *simplemente lo has retornado.*
> MARCO AURELIO

Por ejemplo, muchas personas no están a gusto con sus cuerpos y experimentan vergüenza y ansiedad por ello. Sin duda debemos intentar mejorar aquellas partes que nos gustan menos, pero sin dejar de apreciar todo lo que nuestro cuerpo nos permite experimentar. Imagina por un momento que te amputan una pierna o te quedas ciego. ¿Cuánto pagarías por volver a tener exactamente el cuerpo que tienes ahora? Apreciar todo lo bueno de tu cuerpo restará importancia a sus pequeños defectos.

En resumen, imaginar la pérdida de algo valioso nos ayuda a apreciarlo en vez de darlo por sentado. Y dado que nada es más valioso que la propia vida, los estoicos recomendaban además reflexionar sobre la muerte, como veremos en breve.

Esta práctica, conocida como *Memento Mori* ("recuerda que vas a morir") nos da perspectiva y nos ayuda a poner en contexto nuestros problemas.

REDUCE LA PREOCUPACIÓN

Algunos pensarán que visualizar problemas futuros es contraproducente, ya que podría generar ansiedad en el presente. Podría incluso parecer contradictorio con otras de las enseñanzas de los estoicos, quienes evitaban proyectar sus pensamientos a un futuro que no podían controlar.

¿Cómo resolvían esta aparente paradoja? Separando la reflexión de la preocupación. Pensar sobre un posible suceso no implica preocuparse por él, y de hecho reducirá muchas veces la ansiedad.

Las cosas abstractas nos producen con frecuencia más miedo que las concretas. Visualizar con claridad aquello que tememos acota sus fronteras.

Hay una diferencia muy importante entre visualizar algo negativo y preocuparse por ese algo. Visualizar es un ejercicio intelectual, que puede realizarse sin despertar emociones negativas. La contemplación no implica preocupación.

De hecho, la evidencia reciente confirma que aquellos capaces de aceptar pensamientos o sensaciones desagradables sin ser alterados por su presencia son más resilientes mentalmente que los que intentan evitar esos pensamientos. Pero esta capacidad requiere práctica.

Al final, la preocupación es una forma de miedo, y los miedos se amplifican si nos negamos a enfrentarlos. Debemos observarlos, con objetividad y distancia. La habituación reducirá su impacto hasta producirnos aburrimiento. En este momento nuestra mente cambiará de foco, pero ya no como estrategia de supresión, sino por desinterés.

Por último, nuestra ansiedad ante la incertidumbre se reduce cuando sabemos que estamos preparados para afrontar los peores escenarios. Esperamos lo mejor, pero estamos preparados para lo peor.

MEMENTO MORI

Podrías morir ahora mismo.
Que esto determine lo que haces y piensas
en cada momento.
MARCO AURELIO

En los tiempos de los estoicos muchos generales romanos tenían sirvientes que susurraban a sus oídos "Memento Mori" cuando eran adulados por su pueblo. Así recordaban que a pesar de sus victorias y su gran poder militar, iban a morir como cualquier otro mortal. Esto les ayudaba a mantener los pies en la tierra y les impedía cometer errores arrastrados por su ego.

Más allá de mantener nuestro ego bajo control, pensar en nuestra propia muerte es una técnica potente para lograr dos objetivos. Primero, perder el miedo a nuestro enemigo más temido. Segundo, lograr claridad al ser conscientes de nuestro inevitable final.

PERDER EL MIEDO A MORIR

La fuente de muchos males del hombre
no es la muerte, sino el miedo a la muerte.
EPICTETO

Los estoicos usaban la razón para analizar nuestros miedos, y nada nos aterra más que la muerte.

Para perderle el miedo, nos hacían ver que es en realidad una preocupación irracional. Al igual que no lamentamos todo el tiempo pasado antes de nuestro nacimiento, no deberíamos lamentar que existirá un tiempo igual de largo después de nuestra muerte. Al morir, simplemente regresamos al mismo estado que teníamos antes de nacer.

Piensa que la muerte no es nada para ti,
ya que todo depende de tu percepción,
y la muerte representa el cese de la percepción.
Mientras existimos la muerte no está presente,
y cuando la muerte se presenta,
nosotros ya no existimos.
SÉNECA

Para perder el miedo al evento concreto, debemos también entender que la muerte es un proceso, morimos un poco cada día.

Nos equivocamos al buscar la muerte en el futuro,
porque gran parte de la muerte reside en el pasado.
Los años que están detrás de nosotros
están ya en manos de la muerte.

SÉNECA

En resumen, la muerte no es tan mala como parece porque como decía Séneca: "Ninguno de los que hablan mal de ella la han probado".

Meditar sobre la muerte permite también convertir el miedo en gratitud, entendiendo el gran regalo que representa despertarnos a diario.

Cuando te levantes por la mañana, piensa en el precioso
privilegio de estar vivo, de respirar, de pensar, de amar.

MARCO AURELIO

Debemos disfrutar la vida sin temer la muerte. Pero paradójicamente, traerla de vez en cuando a nuestra mente nos ayuda a apreciar nuestra vida.

LOGRAR CLARIDAD

Alguien que nunca piensa en la muerte tiene más probabilidad de perder su tiempo con distracciones menores.

Muchas personas deciden cambiar sus hábitos ante una enfermedad seria. Un diagnóstico poco favorable les hace

entender que la muerte está más cerca de lo que creen, y transforman su vida rápidamente. La estrategia de *Memento Mori*
pretende ayudarte a generar este cambio sin esperar un evento
tan dramático. Al fin y al cabo, la propia vida es una enfermedad terminal. Ser más consciente de tu propia muerte te
puede dar cierto sentido de urgencia, evitando postergar lo
que quieres conseguir.

Al contemplar la muerte nos hacemos conscientes de que
desperdiciamos gran parte de esto que llamamos vida. En palabras de Marco Aurelio: "No es la muerte lo que debemos temer,
sino nunca haber vivido".

Más que temer la muerte, debemos temer no haber vivido
bien, no haber actuado con virtud o haber limitado nuestra vida
por miedo a las opiniones de los demás.

A la mayoría no le importa vivir bien,
sino vivir mucho. Y sin embargo,
está en nuestro poder vivir bien (con virtud),
pero no vivir mucho.
Séneca

De la misma manera, una vida mal vivida habrá sido corta
independientemente de su duración.

*No pienses que alguien ha vivido mucho solo por
tener pelo blanco y arrugas. No ha vivido mucho,
quizá solo ha existido mucho. Imagina que un hombre
se embarca en un viaje y se adentra en una tormenta
nada más zarpar, que lo mantiene navegando
en círculos, azotado por distintos vientos.
No ha hecho un gran viaje, solo ha dado
muchas vueltas.*

SÉNECA

Reflexionar sobre nuestra muerte nos da perspectiva y sentido de urgencia. Nos hace valorar más nuestro tiempo y desperdiciarlo menos en entretenimientos vacíos. La inminencia de la muerte nos concentra en lo esencial y nos permite apreciar el momento actual.

Tu tiempo es limitado. La muerte está cada vez más cerca. Aprovecha cada día.

INCOMODIDAD VOLUNTARIA (O PRIVACIÓN TEMPORAL)

*Reserva de vez en cuando unos días durante
los cuales te contentarás con la comida
más simple y la ropa más áspera. Luego te
preguntarás: ¿es esto lo que tanto temía?*

SÉNECA

Al contrario que otras escuelas filosóficas, los estoicos nos animaban a disfrutar los placeres de la vida cuando estos estuvieran disponibles, desde las riquezas hasta los banquetes. Pero advertían también de sus peligros, ya que es fácil dejarse atrapar por el placer y la comodidad, y perder así nuestra libertad.

Una de las estrategias que proponían para mantener esta libertad era evitar de manera temporal algunas de las cosas que disfrutamos, incluso las que pensamos que necesitamos. Esta técnica podría verse como una extensión de la visualización negativa: no solo imaginamos la pérdida de cosas que valoramos, sino que la materializamos.

Practicar esta privación temporal aporta multitud de beneficios. Revisemos los principales.

TE FORTALECES

El que siempre se protege del viento,
cuyos pies están constantemente calientes,
y cuyas habitaciones permanecen aisladas del frío,
peligrará al enfrentarse a la mínima brisa. Todos los
excesos son malos, pero ninguno peor que el exceso
de comodidad. Afecta al cerebro. Hace a los hombres
perder la visión de la realidad, y se vuelve nebulosa
la separación entre lo verdadero y lo falso.

SÉNECA

Los estoicos sabían que muchas cosas que en exceso nos dañan nos fortalecen al aplicarlas en la dosis adecuada. Este concepto se denomina *hormesis*, y es uno de los principios básicos de la biología.

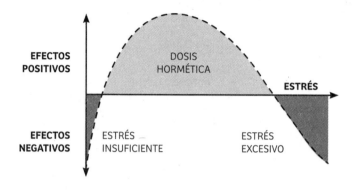

El exceso de actividad física nos perjudica, pero su ausencia también. Realizar un ayuno muy prolongado tiene efectos negativos, pero ayunos breves mejoran nuestra salud. Y lo mismo con el frío, el calor, la suciedad y multitud de otros estresores. De esto hablo precisamente en mi libro *Salud Salvaje*, y es algo que los estoicos ya intuían.

> *La salud de muchos, debilitada por el exceso de lujo y comodidad, se fortalece con el exilio, al forzarles este a llevar una vida más sencilla y vigorosa.*
> Musonio Rufo

El beneficio no es solo físico, también psicológico. Nos acostumbramos a vivir en nuestra zona de confort, y evitamos hacer cualquier cosa que nos produzca miedo o incomodidad. Con el tiempo, nuestro mundo se vuelve cada vez más pequeño, y la rutina se apodera de nuestras vidas. Debemos salir con frecuencia de esta zona de confort, pasando ciertos espacios de tiempo en la llamada zona de aprendizaje o crecimiento.

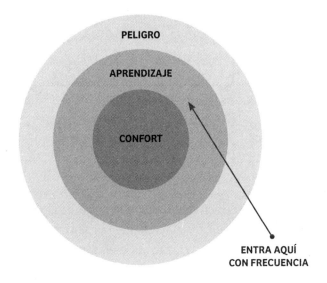

Tampoco olvidemos que, como decía Paracelso, la dosis hace el veneno. El exceso de comodidad es malo, pero también el exceso de incomodidad. No queremos estar siempre incómodos ni exponernos a estresores psicológicos que exacerben nuestros miedos (entrando en la zona de pánico o peligro). Buscamos aplicar dosis adecuadas y frecuentes de incomodidad, de manera gradual y considerando nuestra capacidad individual.

En resumen, cuanto más suframos de manera voluntaria, menos sufriremos de manera involuntaria. Los que se esfuerzan durante los tiempos fáciles resisten mejor los tiempos difíciles. Obtendremos además satisfacción de ver cómo nuestro cuerpo y nuestra mente se fortalecen, siendo capaces de hacer cosas que nos resultaban imposibles hace solo unos pocos meses.

REDUCES LA DEPENDENCIA

La ansiedad se origina muchas veces por miedo a perder lo que tenemos. Privarnos temporalmente de eso que pensamos necesitar nos hace ver que estamos preparados para lidiar con su ausencia y así reducimos nuestra ansiedad.

En la antigua Roma, la suerte era especialmente cambiante. Si perdías el favor de un gobernante, podías ser despojado de todas tus propiedades o ser exiliado a una isla lejana. Para vencer el miedo al exilio o la pobreza, los estoicos recomendaban vivir como un pobre durante unos días cada cierto tiempo. Al darse cuenta de que no era tan terrible eso que temían, podían disfrutar sus vidas sin miedo a perder lo que tenían.

Si por ejemplo te acostumbras a realizar ayunos intermitentes, sentirás menos ansiedad por la comida. Podrás salir a hacer una ruta de montaña sin miedo a desfallecer y sin preocuparte de si habrá o no sitios para comer. Al ayunar entiendes que no pasa nada por restringir el alimento durante un tiempo, y de hecho aprendes a disfrutar el proceso. Mientras la mayoría necesita interrumpir su día multitud de veces para ingerir comida, tú mantienes la atención en cosas más importantes. Mientras que algunos viven para comer, tú comes para vivir.

Y lo mismo aplicaría al frío, otro estresor del que hablaban mucho los estoicos. Los que más se protegen del frío desarrollan miedo a él. Tanto Séneca como Musonio Rufo recomendaban pasar frío e ir descalzos de vez en cuando. La ciencia demuestra hoy que ambos comportamientos mejoran nuestra salud, además de enseñarnos que necesitamos menos de lo que pensamos. Y cuantas menos cosas necesites, más libre eres.

Esta incomodidad voluntaria nos recuerda además la importancia de valorar lo esencial. Nos enseña que las cosas importantes y esenciales de la vida son realmente pocas. Muchos golpes del destino dejan de asustarnos porque nos arrebatan simplemente las cosas superfluas, de las que podemos prescindir.

APRECIAS MÁS LO QUE TIENES

Por último, renunciar de manera temporal a cosas que disfrutas te ayudará a apreciarlas más. La comida sabe mejor tras un período de ayuno, y el calor del hogar se disfruta más después de exponerse al frío. La privación potencia el placer.

*Las gachas de cebada, o una costra de pan y agua,
no son una dieta muy apetecible, pero nada
nos da más placer que la capacidad para disfrutar
incluso de eso, y la sensación de haber alcanzado
algo de lo que nadie nos puede privar, ni siquiera
cualquier injusto golpe de fortuna.*

Séneca

Cada vez que llega algo bueno a nuestras vidas experimentamos un breve periodo de alegría, pero en poco tiempo lo nuevo se convierte en lo normal, y lo dejamos de apreciar. Prescindir temporalmente de estos elementos nos permite apreciar más lo que tenemos y pensar menos en lo que nos falta.

Como dicen, no sabemos lo que tenemos hasta que lo perdemos. Perder algunas cosas de manera voluntaria y temporal nos ayudará a valorarlas más.

CONTEMPLACIÓN DEL SABIO

Cuando te enfrentes a cualquier situación,
pregúntate qué hubieran hecho Sócrates o Zenón,
y sabrás cómo actuar.

Epicteto

Elige alguien cuya forma de vida quieras emular.
Tenlo siempre presente como un ejemplo a seguir.
Necesitamos un estándar contra el que medirnos,
alguien recto que pueda enderezar al torcido.

Séneca

Como vimos previamente, nuestro comportamiento depende en gran medida de la gente que nos rodea. Rodearnos de personas cuyos hábitos queremos emular simplifica enormemente el proceso de cambio. Sin embargo, esto no es siempre posible, o habrá momentos donde nuestro entorno no es el que deseamos.

Y de nuevo los estoicos recomiendan en estos casos utilizar la visualización, imaginando cómo actuarían las personas que admiramos si estuvieran en nuestra situación.

El simple hecho de visualizar las cualidades de las personas que nos inspiran nos ayuda a mejorar nuestro comportamiento. Marco Aurelio empieza su libro de *Meditaciones* describiendo las cualidades que admiraba en personas cercanas: "La bondad y ecuanimidad de mi abuelo", "La simplicidad en el vivir de mi madre" o "La firmeza de mi padre". Se recordaba todo lo que había aprendido de las personas que valoraba, e intentaba constantemente seguir sus ejemplos.

Nuestros padres tienen una gran influencia en nosotros, pero siempre podemos elegir de quién aprender y a quién emular en cada momento. Podemos seleccionar nuestros mentores, incluso aunque no tengamos ninguna relación con ellos o lleven miles de años muertos.

No podemos elegir a nuestros padres,
porque los asigna el destino. Pero podemos
elegir de quienes queremos ser hijos.
Séneca

Cuando estés abrumado ante un problema, trae a tu mente alguien que admires. Intenta ver el mundo a través de sus ojos y pregúntate qué haría en tu situación. Ser conscientes del contraste entre el comportamiento al que aspiramos y el que tenemos en realidad nos puede motivar a cambiar.

Simplemente imaginar que nos observa alguien que admiramos mejorará nuestros hábitos. De manera inconsciente, nos comportamos peor cuando nadie nos vigila. Actúa como si tu conducta fuera siempre pública.

Es útil definir un guardián, alguien a quien
admirar, para que participe en tus pensamientos.
Vive como si estuvieras siempre bajo la mirada
de alguien noble. Es cuando estás solo
que sueles obrar mal.
Séneca

Siempre es mejor contar con un verdadero mentor, por supuesto, pero el simple hecho de imaginarlo te ayudará a ajustar tu brújula moral. Los estoicos se preguntaban con frecuencia cómo actuaría en su situación Zenón o Sócrates. No se trata solo de modelar sus comportamientos, sino también sus actitudes.

Piensa qué capacidades te gustaría desarrollar para parecerte más a las personas que admiras. Intenta modelar tu comportamiento según su ejemplo.

Tampoco esperes parecerte a tus héroes de la noche a la mañana. De hecho quizá nunca llegues a su nivel, pero si te comportas como ellos lo harían, tu situación mejorará. Incluso pequeños cambios pueden tener gran impacto.

DISTANCIAMIENTO COGNITIVO

No son las cosas las que nos perturban,
sino nuestra opinión sobre ellas.
EPICTETO

Los estoicos sabían que al cambiar la forma en la que vemos los eventos externos cambiamos su impacto sobre nosotros. Recomendaban por ejemplo separar nuestros pensamientos de los elementos externos, evitando fusionarnos con ellos. Al mantener esta distancia cognitiva podemos evaluar todo con más objetividad y serenidad.

El primer paso es entender que no somos nuestros pensamientos, y que podemos distanciarnos de ellos. Podemos examinarlos de manera racional en vez de dejarnos arrastrar por su impacto emocional. Dar un paso atrás nos permite ver con más claridad, y preguntarnos si hay otra forma de interpretar nuestra realidad.

En las terapias modernas se denomina a esta técnica distanciamiento cognitivo, y aunque es aplicable en multitud de ámbitos, los estoicos la utilizaban principalmente para mitigar los golpes del destino y para evitar ceder ante las tentaciones diarias.

Existen a su vez distintas estrategias para lograr este distanciamiento. El primer enfoque es la descomposición, usando la razón para descomponer en sus elementos básicos lo que nos causa miedo o deseo. En segundo lugar, podemos ver lo que nos ocurre como si le ocurriera a otra persona, creando distancia entre nosotros y lo que nos pasa. Y por último, los estoicos recomendaban adoptar una visión mucho más amplia del espacio y del tiempo, alterando nuestra perspectiva sobre cualquier evento. Revisemos cada una de estas técnicas.

DESCOMPOSICIÓN

Las cosas que nos tientan pierden poder al ser descompuestas. Vimos por ejemplo cómo Marco Aurelio afirmaba que su lujosa toga imperial no era más que pelo de oveja teñido con crustáceos aplastados, el vino simple zumo de uva fermentado y su comida el cadáver de un animal. A pesar de poder tener todo lo que se le antojara, prefería ceñirse a lo esencial, utilizando la descomposición de sus deseos para evitar sucumbir ante ellos.

Las palabras que usamos para describir mentalmente las cosas externas condicionan las emociones que nos provocan.

Debemos por tanto usar palabras que nos ayuden a regular las emociones exageradas.

> *Cuando veamos cosas que parecen demandar*
> *alta estima, debemos desnudarlas y privarlas de todas*
> *las palabras que las exaltan. La apariencia externa*
> *de las cosas pervierte con frecuencia la razón.*
>
> MARCO AURELIO

Nadie conoce mejor el poder de las apariencias que las agencias de marketing. Por ejemplo, la industria alimentaria intenta asociar sus productos ultraprocesados a ideales aspiracionales, como felicidad o sofisticación. Intentan que su publicidad despierte en nosotros emociones de deseo y necesidad.

Aplicar la técnica de descomposición nos puede ayudar a luchar contra estas artimañas. Debes ver estos productos con objetividad, reduciendo su atracción. La Coca-Cola no es más que agua con azúcar y aditivos. Tu galleta favorita es una simple mezcla de ingredientes baratos y refinados: harina, grasas vegetales y edulcorantes, entre otros ingredientes poco recomendables.

El objetivo no es reducir el disfrute de la vida, sino aprender a valorar las cosas que importan de verdad, por encima de aquellas que nos dañan.

También se puede aplicar esta técnica si te genera ansiedad hablar con personas que percibes de mayor autoridad o estatus social. Para no dejarnos deslumbrar por la popularidad, el poder o las riquezas de los demás, los estoicos nos recordaban que si quitamos todos los elementos de adorno, esos que nos producen ansiedad son personas como las demás.

¿Por qué te parece ese hombre tan imponente?
Porque no lo estás considerando solo a él, sino
también a su pedestal. Un enano no pasa a ser alto
por subirse a una montaña. Este es el error que
cometemos, al no valorar a los hombres por
lo que son, sino por los adornos que llevan.

Séneca

MIRAR A TRAVÉS DE LOS OJOS DE OTRO

Las opiniones que tenemos cuando algo le ocurre a los demás suelen ser más objetivas que cuando nos ocurren a nosotros. Los estoicos afirmaban que el verdadero sabio ve lo que le ocurre a él con la misma distancia que si le ocurriera a su vecino.

Cuando el esclavo del vecino rompe una taza
pensamos que son cosas que pasan. Por tanto, cuando
te ocurra a ti debes reaccionar de la misma manera.
Transfiere ahora esta idea a asuntos mayores.
Si se muere el hijo o la esposa de otra persona, dirías
que es lo que nos toca vivir como humanos. Pero si
te ocurre a ti te desconsuelas y te dices: "Pobre de mí".
Deberíamos recordar en estos casos cómo nos
sentimos cuando escuchamos estos sucesos en otros.

Epicteto

Como siempre, esto es más fácil de entender que de aplicar, pero esforzarnos por intentar ver lo que nos ocurre a través de los ojos de un tercero reducirá su impacto. En las terapias cognitivo-conductuales recomiendan por ejemplo escribir sobre nuestros problemas en tercera persona, para ganar algo de distancia sobre ellos.

Con frecuencia damos recomendaciones racionales ante los problemas de los demás, pero somos incapaces de aplicarnos nuestras propias recomendaciones al enfrentar los mismos problemas. Puedes también aprovechar aquí la estrategia previa de contemplación del sabio. Intenta ver tu situación a través de los ojos de alguien que admiras. ¿Cómo reaccionaría? Quizá no logres comportarte de manera ideal, pero entender al menos que existe una perspectiva distinta te ayudará.

Relacionado con este punto, debemos ver nuestro proceso de cambio desde la perspectiva de un científico, con una actitud de curiosidad y desapego. En vez de quejarnos y venirnos abajo porque por ejemplo en la última semana no perdimos nada de peso, investiguemos simplemente cuáles pueden ser las causas y qué estrategia adoptar para el siguiente periodo. No hay fracasos, solo acciones y resultados.

EXPANDE EL TIEMPO Y EL ESPACIO

Asignamos un poder especial al momento y al lugar actual. Esto tiene sentido, y mantener el foco en el presente es una buena recomendación general. Sin embargo, cuando atravesamos una dificultad, conviene distanciarse mentalmente del problema para verlo con claridad. Al adoptar una perspectiva mucho más amplia, el problema pierde relevancia. Los estoicos proponían ejercicios para expandir nuestra mente, tanto en espacio como en tiempo.

Según Marco Aurelio, podemos reducir el impacto de cualquier agravio del destino si "visualizamos en nuestra mente la enormidad del universo y el tiempo infinito, observando la transitoriedad de todas las cosas, incluyendo nuestra propia vida".

Como vimos antes, una forma sencilla de aplicar esta perspectiva es preguntándonos si dentro de diez años nos seguirá preocupando el problema con el que estamos ahora luchando. En la mayoría de los casos, la respuesta será que no y aliviaremos así el dolor. Si el problema nos seguirá impactando en diez años, debemos extendernos más allá. ¿Importará dentro de cien años? ¿Dentro de mil?

En las cartas de consolación de Séneca, cuando alguien moría a edad temprana, él proponía recordar que el tiempo de cualquier vida es igual de insignificante comparado con la eternidad. Si toda nuestra vida nos parece irrelevante al ser comparada con el espacio y el tiempo infinito, mucho más pequeños deberán parecernos nuestros problemas.

Piensa en los hombres de longevidad legendaria, que vivieron más de cien años. Cuando piensas en la totalidad del tiempo, la diferencia entre la vida más larga y la vida más corta no será nada.

SÉNECA

Esta idea difiere del enfoque de auto-ayuda actual, que nos intenta poner en un pedestal individual y dar gran relevancia a todo lo que nos ocurre. El enfoque de los estoicos era justo el opuesto: hacernos ver que nuestra vida es insignificante en el gran contexto del universo.

Los estoicos nos recordaban que el cambio es la única constante. Aunque el budismo es reconocido por su idea sobre la transitoriedad o la no-permanencia, no era una idea nueva. Varios siglos antes de los primeros escritos budistas, el griego Heráclito proponía su concepto *Panta Rei*, traducible como "todo fluye". Los estoicos hacían frecuente mención a la analogía de Heráclito, que nos decía que no podemos bañarnos dos veces en el mismo río, al cambiar este sin cesar.

Reflexionar sobre el cambio constante y nuestro pequeño papel en el universo es liberador. Nos ayuda a poner nuestros problemas en perspectiva, y evita tanto que nuestros éxitos se nos suban a la cabeza como que nuestros fracasos nos hundan.

Considera un grano de arena apilado sobre otros granos de arena, que enseguida serán cubiertos por nuevos granos de arena. Así ocurre en la vida, unos eventos apilados sobre otros que en breve serán cubiertos por eventos nuevos.

MARCO AURELIO

No debemos por tanto perder la tranquilidad por eventos sin importancia, y nada tiene importancia al ser comparado con la inmensidad del espacio y el tiempo. Nuestra propia vida pasará rápidamente y será reemplazada por otras.

*Las creaciones de la misma naturaleza están siendo
atacadas constantemente, así que deberíamos ver la
destrucción de las ciudades con tranquilidad. Caerán
por necesidad. Les aguarda un destino común, bien por
la explosión de una fuerza interna, ataques externos o
simplemente la edad, de la que nada está a salvo. Las
posibilidades por las que llegarán a su destino
son demasiadas como para enumerar, pero hay
algo seguro: todo lo creado por mortales es mortal.
Vivimos en el medio de cosas destinadas a morir.*

SÉNECA

Paradójicamente, pensar en nuestra insignificancia no es deprimente, sino liberador. Nuestros problemas no son tan importantes, no tenemos que preocuparnos tanto de agradar a los demás o seguir los convenios sociales. Liberados de nuestros miedos, podemos aprovechar el corto espacio que tenemos para perseguir nuestros sueños.

LA VISTA DESDE ARRIBA

*Como decía Platón, para hablar de los humanos
deberíamos mirar todas las cosas desde la altura.*

MARCO AURELIO

Esta técnica complementa perfectamente la anterior sobre distanciamiento cognitivo, pero tiene valor por ella misma.

Al alejarnos mentalmente de nuestros problemas podemos ver sus contornos y enfocarlos mejor, logrando una mejor perspectiva de su dimensión. El miedo activa además la llamada "visión túnel", que concentra nuestra atención en aquello que tememos, impidiendo que veamos su contexto.

Para contrarrestar esta pérdida de claridad, los estoicos hacían referencia a la práctica de "mirar desde arriba". Imagina que te ves desde una gran altura. Notarás cuán pequeño eres en comparación con la ciudad, y cuán pequeña es esa ciudad en comparación con el país. Luego te darás cuenta de que el país es pequeño comparado con la Tierra, y que el propio planeta no es más que un pequeño punto en la galaxia.

> *Muchas de las ansiedades que nos acosan son superfluas. Al ser solo criaturas de nuestra imaginación podemos deshacernos de ellas y expandir nuestra mente a una región más amplia, dejando que nuestro pensamiento abarque todo el universo.*
>
> MARCO AURELIO

Utilizar con frecuencia esta mirada desde la altura, alejándonos imaginariamente de nuestros problemas y las cosas que nos preocupan, es sorprendentemente efectiva.

Y no solo puedes imaginar, sino también experimentar. Una de las mejores formas de lograr perspectiva es saliendo a la naturaleza. Al lado de grandes montañas o inmensos océanos nuestros problemas parecen reducir su tamaño. Múltiples estudios demuestran que pasar más tiempo en la naturaleza mejora la perspectiva sobre nuestros problemas, reduciendo la ansiedad y los síntomas de depresión. Esta mejoría se explica por distintas vías, pero una de ellas es que la naturaleza pone nuestra propia existencia en perspectiva, y nos damos cuenta de que somos una pequeña parte de algo mucho más grande.

Esto no significa por supuesto que nuestros problemas sean irrelevantes, tan solo que a veces nos quedamos atrapados en nuestras interpretaciones de los eventos y perdemos de vista el contexto. Debemos desarrollar nuestra capacidad de cambiar el foco según demanden las circunstancias. Necesitamos adoptar primero una visión amplia para lograr una perspectiva adecuada y definir después cómo debemos actuar. Una vez fijado el plan de acción, cerraremos el foco para concentrar nuestra energía y atención en mejorar nuestra realidad.

GRATITUD

¿Muchos están delante de ti? Considera que tienes muchos más detrás. ¿Sabes cuál es tu principal problema? Que tu contabilidad está distorsionada. Valoras demasiado lo que has pagado y muy poco lo que te ha sido dado.
SÉNECA

Nuestro cerebro es una máquina especializada en identificar amenazas. La selección natural favorece la supervivencia, no la felicidad. Los individuos con mejor capacidad de identificar lo que estaba mal vivían más, y la insatisfacción motivaba la acción.

Ahora vivimos en un mundo mucho más seguro, pero nuestro cerebro sigue centrando su atención en todos los problemas a nuestro alrededor. Y dado que nuestra atención define nuestra realidad, vivimos abrumados por nuestros problemas, muchas veces imaginarios.

Además, nuestros problemas requieren atención y trabajo, mientras que todo lo bueno que tenemos lo disfrutamos sin esfuerzo. Asumimos por tanto que nuestros problemas son mucho más numerosos que nuestros privilegios. Paradójicamente, nos ocurre lo contrario cuando evaluamos a los demás: asumimos que han tenido menos problemas y más privilegios. Esta es la receta perfecta para una vida de resentimiento y envidia.

Como vimos previamente, la gratitud es el antídoto contra la envidia, pero también contra el deseo. Mientras que el deseo se origina en algo que no tenemos, la gratitud viene de algo que poseemos, y que probablemente no apreciamos suficiente.

Tu atención condiciona tu emoción. Si pones atención en lo que te falta, sentirás envidia o deseo. Si la pones en lo que tienes, sentirás gratitud y bienestar.

Considera cuánto desearías lo que tienes si lo perdieras. Esto te permitirá ver tus posesiones y relaciones con nuevos ojos, y evitarás la adaptación hedónica. Los estoicos nos recomendaban elegir con cuidado las personas con las que nos comparamos. Recuerda que muchos desearían que su vida fuera como el peor de tus días.

Cuando sientas emociones negativas, reflexiona sobre las cosas buenas de tu día. ¿Qué salió bien hoy? ¿Quién hizo algo bueno por ti durante el día? ¿Qué cosas podrían haber ido mal, pero no ocurrieron?

Pasamos nuestros días esperando los grandes acontecimientos, pero la vida está realmente hecha de pequeños momentos. Por desgracia, desperdiciamos la mayoría de ellos por considerarlos mundanos.

La atención puede transformar experiencias tediosas en placenteras. Al fregar los platos concéntrate en cómo se siente el agua caliente en tus manos. Mientras caminas a la oficina siente el viento en tu cara y observa las formas de árboles y plantas.

Este proceso se denomina *Savoring*, y aumenta nuestro bienestar al convertir lo mundano en novedoso. Podemos aplicar este concepto a nuestros alimentos, y varios estudios indican que saborear de verdad la comida puede ayudar a perder peso y reducir el estrés.

Por último, recuerda que gratitud no implica conformismo, y de hecho las personas agradecidas logran con más frecuencia sus objetivos. Se trata de apreciar lo que tienes mientras persigues otras cosas que quieres.

REPETICIÓN DE PRECEPTOS

Todavía debo recordarme actuar según lo que recomiendo, y aun así no siempre sigo mis preceptos. Debemos tener nuestros principios listos para la práctica, tan interiorizados que nos vengan rápido en momentos de crisis. Algunas lanas absorben rápido los colores y otras deben remojarse repetidamente.

Séneca

Esta técnica podría considerarse una recopilación de los conceptos básicos de todas las anteriores, en el sentido de que intenta que tengas a mano preceptos estoicos para que su aplicación sea automática.

Estamos intentando reprogramar nuestras mentes, cambiar nuestras respuestas aprendidas por otras más útiles y productivas. Por desgracia, no es fácil modificar estos patrones mentales, que han sido reforzados por miles de repeticiones a lo largo de los años. La reprogramación requiere mucha repetición.

Séneca utilizaba la analogía de la lana, que era coloreada sumergiéndola en distintas tintas. Al igual que algunas lanas absorbían los colores más rápido que otras, algunas mentes tardan más en absorber los principios estoicos que otras. Para que nuestra mente tome los colores adecuados, debemos sumergirla con frecuencia en estas ideas.

Como decía Marco Aurelio, la mente se tiñe de los colores de nuestros pensamientos. Repetirse con frecuencia preguntas o afirmaciones como las siguientes, en los momentos adecuados, nos ayuda a mantener los principios estoicos "a mano".

- "¿Depende esto de mí? ¿Hay algo que pueda hacer?"
- "¿Estoy deseando cosas fuera de mi control?"
- "¿Es esto realmente tan malo como indica mi primera emoción?"
- "¿Será relevante este problema en un año? ¿En diez años?"
- "¿Qué puedo aprender de esta situación? ¿Cómo puedo usarla a mi favor?"
- "¿Estoy viendo las cosas como realmente son o estoy añadiendo juicios de valor?"

- "¿Tengo algún problema ahora mismo? ¿Me estoy adelantando a los acontecimientos?"
- "¿Mis emociones reflejan la realidad o estoy siendo víctima de pasiones exageradas?"
- "¿Paso más tiempo deseando lo que no tengo que agradeciendo lo que tengo?"
- "¿Estoy centrando mi atención en cosas importantes dentro de mi círculo de control?"
- "¿Esta acción está alineada con mis valores y mis objetivos de largo plazo?"
- "Haz lo que debes hacer"
- "¿Estoy controlando el placer o estoy siendo controlado por él?"
- "Piensa cómo te sentirás después si caes ahora en la tentación"
- "¿Prefiero ejercer disciplina ahora o sufrir arrepentimiento después?"
- "¿Qué haría Séneca en mi situación?"
- "Puedo lidiar con esto"
- "Esto también pasará. Las emociones vienen y van. Solo debo pensar en superar el momento actual"
- "Memento Mori"

Son simples ejemplos. Mi recomendación es que vayas creando tus propios preceptos con el tiempo. Unos te ayudarán más que otros, según tu situación particular y los aspectos que te cuesten más. Apunta las frases que resuenan contigo, y repítelas con frecuencia. De esta manera, surgirán automáticamente en el momento adecuado.

*Estos preceptos son como semillas de pequeñas
dimensiones, pero con grandes resultados a largo
plazo si encuentran una mente fértil.*

Séneca

La ciencia reciente demuestra que dialogar con nosotros mismos de esta manera modifica nuestros pensamientos y nuestras emociones, y finalmente nuestras acciones.

PREPARACIÓN Y REFLEXIÓN

Los estoicos no pautaban rutinas específicas a realizar a lo largo del día, pero veían especial utilidad en prepararse al inicio de cada mañana y en reflexionar sobre su día antes de irse a la cama.

De la misma manera, tu jornada será más productiva si dedicas unos minutos a prepararte antes de entrar en la vorágine de actividad. Define los objetivos principales del día y las actividades en las que te debes centrar. ¿Qué quieres lograr hoy? ¿Qué necesitas hacer? El simple hecho de establecer con claridad lo que quieres lograr te ayudará a vencer la procrastinación y la distracción.

La preparación no pretende únicamente establecer lo que quieres lograr, sino también cómo te debes comportar. Marco Aurelio se recordaba cada mañana que tendría que lidiar con personas egoístas y desagradecidas durante el día, pero no por ello perdería su tranquilidad o su afecto por los demás. Siguiendo su ejemplo, puedes aprovechar el inicio del día para aplicar visualización negativa. ¿Qué podría salir mal hoy?

¿Puedes hacer algo para reducir el riesgo? Si es así, hazlo. Si no, acepta que puede ocurrir, pero recuerda que estás preparado para lidiar con cualquier escenario.

> *El sabio comienza cada día recordándose que la Fortuna no le da nada que pueda realmente poseer. Nada, ni público ni privado, es estable.*
> Séneca

La preparación inicial debe incluir también un momento de gratitud. Marco Aurelio agradecía en su diario la llegada del amanecer. Veía cada día como una nueva oportunidad para experimentar y crecer.

En resumen, reserva un tiempo cada mañana para preparar tu mente. Con objetivos claros, libre de emociones negativas y listo para enfrentar cualquier desafío, tu actividad puede comenzar.

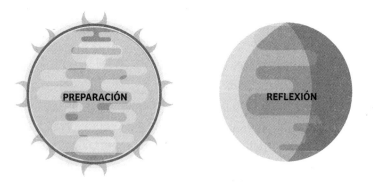

La contrapartida viene al final del día, momento para revisar y reflexionar sobre nuestras acciones.

*Cada día defiendo mi caso ante mi propio
tribunal. Cuando la luz se apaga y mi esposa
se ha retirado, conocedora de mi hábito,
examino mi día completo y reviso lo que
he hecho y dicho, sin esconderme nada.*

SÉNECA

Ahora es el momento de preguntarse si alcanzaste los objetivos que te propusiste al inicio del día y si te comportaste siguiendo tus principios. ¿Qué hiciste bien? ¿Qué hiciste mal? ¿Cómo puedes mejorar?

Séneca asimilaba este proceso a sentarse cada noche delante de un juez. Es más probable que prestes atención a tus acciones si sabes que al llegar la noche deberás rendir cuentas de tu comportamiento, aunque sea en tu propio tribunal.

Epicteto se preguntaba al final de cada día qué cosas no había logrado completar, y las dejaba como propósito para el día siguiente. Marco Aurelio también reflexionaba con frecuencia sobre su comportamiento diario, argumentando que solo siendo conscientes de nuestros fallos podremos corregirlos.

*¿Estoy acercándome a mi potencial
como ser racional? ¿A qué fin estoy dedicando
mi mente? ¿Estoy siendo desviado de
mi camino por el miedo o el deseo?*

MARCO AURELIO

Reflexionar a diario sobre tus acciones y respuestas a los desafíos que encuentras te ayudará a conocerte mejor y a crecer. El progreso no ocurre por azar.

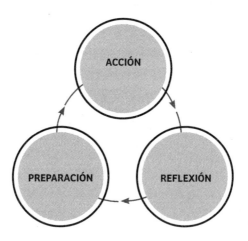

Y como siempre, el objetivo de este ejercicio es mejorar, no castigarse por los errores. Como decía Séneca: "Por qué debería tener miedo de revisar mis actos si puedo simplemente decir 'Te perdono, pero intenta no hacerlo de nuevo'".

Si te parece demasiado realizar este proceso de preparación y reflexión a diario, limítalo a una vez a la semana. El lunes por la mañana planifica la semana, y en la tarde del domingo siguiente reflexiona sobre tus principales aciertos y errores.

DIARIO

Estas son las cosas sobre las que los filósofos deben meditar, pensar y escribir cada día.
EPICTETO

El proceso anterior, de preparación y reflexión, se puede realizar directamente en la mente. El simple hecho de ser consciente de nuestros pensamientos, emociones y acciones nos ayudará a mejorar. Sin embargo, registrar todo en un diario nos permitirá ir un paso más allá. A veces las herramientas más sencillas son las más efectivas, y esto es especialmente cierto en el caso del diario.

Pasar del pensamiento al papel potenciará tu proceso de aprendizaje constante. Escribir nos ayuda a clarificar nuestras ideas, a identificar los obstáculos que nos bloquean y a evaluar mejor nuestro progreso. Nos convierte además en observadores de nuestro propio pensamiento.

No olvidemos que las *Meditaciones* de Marco Aurelio eran en realidad su diario personal. Por eso al leerlo no se ve un orden claro, y se repiten muchas veces las mismas ideas y conceptos. Era su forma de recordarse cómo actuar y de corregirse cuando fallaba. Era su diario de entrenamiento, pero con el tiempo se convirtió en su principal legado. Intentando ayudarse a sí mismo creó una obra de arte que nos sigue inspirando casi dos mil años después de su muerte.

Epicteto también recomendaba a sus alumnos llevar un diario. Primero para recordar lo que aprendían. Después para reflexionar sobre sus experiencias al poner en práctica el nuevo conocimiento adquirido.

Estudios recientes demuestran el poder del diario en multitud de aspectos. Escribir sobre tus objetivos centra tu mente y disminuye las distracciones. Reflexionar sobre tus errores reduce la probabilidad de volver a cometerlos. Revisar tus logros aumenta tu autoestima y motivación, y refuerza el comportamiento correcto. Recordar lo aprendido ayuda a consolidarlo y a ser consciente de tu progreso. Escribir sobre las cosas que agradeces mitiga las emociones negativas y te da más energía. Pasar al papel las cosas que te preocupan reducirá su carga mental y te ayudará a encontrar soluciones.

En resumen, un diario es un gran compañero en tu proceso de cambio, una gran herramienta para cerrar la brecha entre lo que eres y lo que puedes llegar a ser. Tu diario será el testigo de tu cambio.

No hay una estructura ideal para este diario, pero en <fitnessrevolucionario.com/cuadernoinvicto> podrás adquirir una plantilla específica para llevar a la práctica las ideas principales de este libro.

TU DECISIÓN

Mientras vivas,
sigue aprendiendo a vivir.
Séneca

Llegamos al final. Ahora puedes dejar este libro de lado y seguir igual, o comprometerte a desarrollar tu filosofía personal. Seguir siendo arrastrado por la masa inconsciente o decidir tomar las riendas de tu mente. Dejarte llevar por la comodidad o esforzarte por mejorar. Lo primero es más tentador, lo segundo más enriquecedor.

Como Hércules, debes elegir tu camino, *Kakia* o *Arete*, una vida fácil o una vida con propósito. Considera además que las decisiones fáciles en el presente suelen generar vidas duras en el futuro. Sea cual sea tu situación, podrás mejorarla a través de la acción.

Tienes ya todo lo que necesitas, y hoy es un buen día para decidir construir una nueva filosofía, para empezar a cambiar el rumbo de tu vida.

Invicto de Marcos Vázquez
se terminó de imprimir en diciembre de 2021
en los talleres de
Impresora Tauro, S.A. de C.V.,
Av. Año de Juárez 343, col. Granjas San Antonio,
Ciudad de México.